Hanna & Arno Backhaus
Verliebt, verlobt, verheiratet, verschieden

HANNA & ARNO BACKHAUS

LOVE

verliebt

verlobt

verheiratet

verschieden

SCM
Hänssler

SCM

Stiftung Christliche Medien

3. Auflage 2014

© der deutschen Ausgabe 2013
SCM Hänssler im SCM-Verlag GmbH & Co. KG · 71088 Holzgerlingen
Internet: www.scm-haenssler.de · E-Mail: info@scm-haenssler.de

Soweit nicht anders angegeben, sind die Bibelverse folgender Ausgabe entnommen:
Neues Leben. Die Bibel, © der deutschen Ausgabe 2002 und 2006
SCM R.Brockhaus im SCM-Verlag GmbH & Co. KG, Witten.
Weiter wurden verwendet:
Gute Nachricht Bibel, revidierte Fassung, durchgesehene Ausgabe in neuer Rechtschreibung, © 2000 Deutsche Bibelgesellschaft, Stuttgart.
Hoffnung für alle®, Copyright © 1983, 1996, 2002 by Biblica US, Inc.,
Verwendet mit freundlicher Genehmigung des Verlags.

Gesamtgestaltung und Illustration: Kathrin Spiegelberg
Druck und Bindung: CPI books GmbH, Leck
Gedruckt in Deutschland
ISBN 978-3-7751-5486-4
Bestell-Nr. 395.486

INHALT

BESTANDS-AUFNAHME

ZUR EINSTIMMUNG DIE GESCHICHTE
VOM PERFEKTEN EHEPAAR

Es waren einmal ein perfekter Mann und eine
perfekte Frau. Sie begegneten sich, und da
ihre Beziehung perfekt war, heirateten sie. Die
Hochzeit war perfekt. Und ihr Leben zusammen war selbstverständlich ebenso perfekt. An
einem verschneiten, stürmischen Weihnachtsabend fuhr dieses perfekte Paar eine kurven-
reiche Straße entlang, als sie am Straßenrand
jemanden bemerkten, der offenbar eine Panne
hatte. Da sie das perfekte Paar waren, hielten
sie an, um zu helfen. Es war der Weihnachtsmann mit einem riesigen Sack voller Geschenke.
Da sie die vielen Kinder am Weihnachtsabend
nicht enttäuschen wollten, lud das perfekte Paar
den Weihnachtsmann mit allen Geschenken in
ihr Auto. Unglücklicherweise verschlechterten
sich die Straßenbedingungen immer weiter und
schließlich hatten sie einen Unfall. Nur einer der
drei überlebte. Wer war es?

Es war natürlich die perfekte Frau. Sie war
die Einzige, die überhaupt existiert hatte. Jeder weiß, dass es keinen Weihnachtsmann
gibt und erst recht keinen perfekten Mann.

Zwei Menschen treffen sich, verlieben sich, verloben sich, heiraten und dann? Ist alles perfekt und rosarot? Man hat die perfekte Frau oder den perfekten Mann gefunden. Doch gibt es den überhaupt? Ist etwas an der kleinen Geschichte dran?

Bei mancher Ehe denkt man, dass sie tatsächlich den Begriff Ehe verdient, allerdings mit der lateinischen Bedeutung. Ehe kommt von **e**rrare **h**umanum **e**st, irren ist menschlich. Ist alles nur ein großer Irrtum? Ein Kampf und Krampf? Die Ehe ist aber keine Neuauflage des Dreißigjährigen Krieges auf 60 Quadratmetern. Die Ehe kann zu einem Nest werden, in dem man Schutz finden kann. Man wird getröstet und hinterfragt. Seelische Wunden werden verbunden und man wird neu motiviert. Doch wie kann das gelingen?

> Meine Frau und ich haben uns die ersten Ehejahre heftig gestritten. Heute streiten wir nur noch, ob es die ersten vier oder die ersten sechs Jahre waren. Nach dieser Anfangszeit haben wir kontinuierlich an unserer Beziehung gearbeitet. Das bedeutet auch Arbeit an unserer Persönlichkeit und unserem Charakter. Wir sind sehr unterschiedlich: Ich bin eher ein Freak, meine Frau eher eine Dame. Da ist es klar, dass es Jahre braucht, bis man zusammenpasst.

ARNO BACKHAUS

In der Ehe steckt man zwei komplett unterschiedliche Menschen zusammen. Trotz aller Arbeit an der Beziehung und trotz der Tatsache, dass man sich im Laufe einer Ehe in manchen Punkten annähert, möchten wir gleich von Anfang an ein Missverständnis klarstellen: Wir werden niemals in allem übereinstimmen.

Bei uns kamen komplett unterschiedliche Lebenshintergründe zusammen: Meine Frau kommt aus einer völlig anders geprägten Familie als ich. Ihr Vater war Tiefbauunternehmer. Ich komme aus der Bildungsschicht, mein Vater war Beamter in der höheren Laufbahn.

Wir haben ganz unterschiedliche Prägungen und Erziehungen erlebt. Ich bin eher körperfeindlich erzogen worden. »Sex hätte sich Gott sparen können« war unausgesprochen der Leitsatz in unserer Familie, und dementsprechend ist aus mir eher ein Distanz-Typ geworden mit wenig »Körpereinsatz«. »Was sollen denn die Leute denken!?« war ein typischer Spruch aus meiner Kindheit.

Ganz anders meine Frau, sie ist körperfreundlich erzogen worden: »Sexualität war Gottes größte

Idee!« Sie nimmt andere schnell in den Arm, weil sie einfach eine warmherzige Persönlichkeit ist.

Wir haben teilweise auch gegensätzliche Vorlieben und Abneigungen. Meine Frau will im Sommer immer in den Süden. Ich auch! Aber nach Südlappland. Meine Frau ist eher anhänglich und ein Gemeinschaftstyp, ich liebe die Unabhängigkeit und die Freiheit und tendiere zum Einzelgänger. Trotz dieser Unterschiede haben wir uns zusammengerauft. Wir haben uns nicht in allem angepasst oder verändert, sondern wir haben beide verschiedene Aufgaben und Verantwortlichkeiten übernommen. Trotzdem versuchen wir beide, mit dem gleichen Budget auszukommen, und beide versuchen wir, die gleichen Ziele zu erreichen.

ARNO BACKHAUS

Dass Männer und Frauen unterschiedlich sind, kann man in vielen Situationen erleben – und beobachten. Die beiden müssen dazu weder ein Paar noch verheiratet sein. Selbst wenn Männer und Frauen einfach nur zusammenarbeiten, sind Missverständnisse, Konflikte und Spannungen in den meisten Fällen einfach unvermeidbar. Egal ob in der Gemeinde, der Firma oder im Verein.

Zurück zum Thema Ehe: Zum Beginn gehen beide eine Verpflichtung ein. Sie versprechen sich, in Liebe und Treue zueinanderzustehen. Dieser gute Vorsatz ändert nichts an der Tatsache, dass es sich um das Versprechen von zwei grundlegend verschiedenen Menschen mit eventuell auch grundlegend unterschiedlichen Persönlichkeiten handelt. Wie das Versprechen in die Praxis umgesetzt wird, zeigt allein die Praxis. Und gerade in einer so engen Gemeinschaft wie der Ehe treten diese Unterschiedlichkeiten zwischen den Geschlechtern immer wieder ganz besonders ans Licht.

Bildlich gesprochen, treffen zwei Lebenshäuser mit Geschichte aufeinander. In beiden Häusern gibt es Teile, die renovierungsbedürftig sind und die mehr an »Ruinen« erinnern. Aus beiden Häusern soll ein gemeinsames Haus entstehen. Bevor das passieren kann, muss man die baufällige Substanz abtragen. Man muss ein gemeinsames Fundament ausheben und kann darauf dann ein neues gemeinsames Haus bauen.

Jeder Statiker bekommt einen Lachkrampf, wenn er sieht, dass um baufällige Teile einfach drum herum gebaut und auf wackligen Mauern ein neues Haus gebaut wird. Darum ist es wichtig, sich am Anfang der Beziehung Zeit dafür zu nehmen, die kaputten, unbrauchbaren Teile abzubauen. Das heißt, man muss sich Zeit nehmen, den Partner mit seiner Vergangenheit kennenzulernen und diese mit ihm gemeinsam aufzuarbeiten.

Unser beider Leben und Geschichte entsprechen zwei sehr unterschiedlichen Häusern. Bei mir waren die »Ruinen« offensichtlich: Ich bin als Kind von vier Schulen geflogen, dreimal sitzen geblieben, Probleme mit der Polizei und anderen Autoritäten gehörten zu meinem Alltag als Kind und Jugendlicher. Da war viel aufzuarbeiten und abzutragen an Geröll. Aber auch meine Frau musste an ihrem »Lebenshaus« etliches rauswerfen und umbauen. Nach außen sah ihr Haus zwar gar nicht wie eine Ruine aus, aber wenn man näher hinschaute, sah man doch die Notwendigkeit, einiges einzureißen.

ARNO BACKHAUS

Beim Abriss alter Denk- und Lebensmuster hagelt es manchmal Steine, wir verletzen uns gegenseitig. Das muss aber nicht zur großen Katastrophe führen – es gehört dazu, wenn man zusammenwächst. Da wird gestritten, verletzt, diskutiert und geheult, aber auch vergeben und versöhnt, bis man sich wieder verletzt und diskutiert und heult, aber sich auch wieder vergibt und versöhnt usw. Das erscheint manchmal wie ein ewiger Kreislauf. Das Problem ist, dass wir Teil einer Gesellschaft sind, in der wir lernen, Konflikten und Hindernissen aus dem Weg zu gehen und Herausforderungen auszuweichen. Mit Konflikten sinnvoll umzugehen, wird zunehmend eine Kunst. Anstrengende Beziehungsphasen auszuhalten, ist nicht mehr attraktiv: Eine Scheidung scheint der einfachste und schnellste Weg, um heftigen Konflikten auszuweichen.

Gab oder gibt es in Ihrem Leben solche Ruinen? Wenn ja, welche haben Sie als Ruinen wahrgenommen? Wie können Sie als Paar damit umgehen?

_____

_____

_____

_____

_____

Manchmal wirkt es so, als seien sich viele Paare nicht bewusst, auf welchem Weg sie sich befinden und welchen Risiken sie sich aussetzen. Sie nehmen eine Abkürzung als vermeintlich einfachen und schnellen Weg: die Affäre, die Karriere, Schweigen, Ausweichen, Beziehungsende. Doch das ist so, als würde man den direkten Weg aus dem 10. Stock nach unten wählen: Fenster auf und runter. Zu Beginn scheint alles noch optimal und erst bei der Landung merkt man, dass dieser vermeintlich schnellste Weg eine harte Landung bereithält. Die schnelle Lösung ist selten die beste, meistens bleiben Verletzungen zurück, viele Scheidungen ziehen jahrelange Konflikte nach sich, besonders, wenn Kinder involviert sind. Doch vielen Paaren scheint das nicht bewusst zu sein. Anstatt an der Beziehung zu arbeiten, geht man sich aus dem Weg. Eine Scheidung scheint die simpelste Lösung zu sein. Boulevardmagazine machen glauben, Scheidungen seien so nebenbei zu erledigen. Dass dabei Wunden und Verletzungen entstehen und bleiben, spielt in der öffentlichen Diskussion keine Rolle.

Warum durften Schröder und Fischer damals, als sie noch gemeinsam regierten, nie gemeinsam im Flugzeug fliegen? Das war Risikoverteilung, denn wenn das Flugzeug abgestürzt wäre, hätte die Bundesregierung für neun hinterbliebene Frauen aufkommen müssen.

Wussten Sie, dass man Scheidungskosten (Anwalt usw.) von der Steuer absetzen kann, Kosten, die zur Erhaltung der Ehe beitragen und die Ehe stabilisieren (Eheseminare und Eheberatung z. B.) jedoch nicht?

Warum lassen sich so viele Menschen scheiden? Weil sie nicht bereit sind, Ruinen abzutragen und sich selbst auf die Schliche zu kommen. Sie möchten sich nicht mit ihrer Vergangenheit, Erziehung und alten Verletzungen beschäftigen und diese aufarbeiten. Sie denken: »Es wird schon alles gut gehen und besser werden – und an mir liegt es sowieso nicht!« Aber von selbst wird nichts gut und es liegt auch nicht nur am anderen. Es wird alles nur schlechter, wenn man nicht kontinuierlich gemeinsam an der Beziehung arbeitet. Und an der Beziehung arbeiten heißt auch, an sich selbst zu arbeiten.

> In der Regel verstehen wir Beziehungen so, dass sie uns glücklich machen sollen, und vergessen dabei, dass sie uns die größtmögliche Chance geben, an der eigenen Persönlichkeit zu arbeiten, um dadurch zu wachsen und zu reifen und zu einer geschliffenen Person zu werden.
>
> **HANNA BACKHAUS**

Die meisten Männer sagen, dass es unmöglich ist, eine Frau wirklich zu verstehen. Aber warum ist das so? Frauen beklagen sich, dass Männer fast nichts von ihnen wissen und scheinbar auch kein Interesse daran haben, diese Situation zu verändern. Aber umgekehrt ist es nicht anders. Viele Frauen geben sich keine Mühe, ihren Partner zu verstehen. Sie haben gar kein Interesse daran. Dabei sind

Mann und Frau so geschaffen, dass sie einander ergänzen sollen und das auch können.

Als Einzelperson sind wir nicht komplett. Der Mensch ist für die Gemeinschaft mit einem Partner geschaffen und wir brauchen diese Ergänzung. Gleich zu Beginn der Bibel lesen wir, wie Gott sich das mit Mann und Frau gedacht hat: »Es ist nicht gut für den Menschen allein zu sein. Ich will ihm ein Wesen schaffen, das zu ihm passt« (1. Mose 2,18). Da steht nicht »das ihm passt«, sondern »zu ihm passt«! Mann und Frau sind zueinander passend geschaffen – aber das funktioniert nicht von alleine. Die beiden Puzzleteile müssen einander angepasst und richtig gedreht werden, damit sich ein Bild ergibt. Das erfordert von beiden Seiten die Bereitschaft, sich auf den anderen einzulassen und auch sich selbst immer wieder zu hinterfragen.

Vor einiger Zeit habe ich mal eine CD angeboten, auf der nichts zu hören war. Der Titel lautete »Was Männer über Frauen wissen«. Ein Mann brachte die CD zurück und sagte: »Das ist eine Fehlpressung, da ist nichts drauf.« Ich bat ihn, er solle sich den Titel mal genau durchlesen: »Was Männer über Frauen wissen.« Was auf der CD drauf ist, ist genau das, nämlich nichts. Der Mann sagte: »Das sagen Sie so locker, ich kann Ihnen schon ein paar Fakten zu meiner Frau sagen!« Ich antwortete:

»Da steht ›Was Männer über Frauen wissen‹, da steht nicht: ›Was Männer über ihre Frau wissen‹.« Über das Wesen einer Frau wissen viele Männer wenig bis nichts, und auch viele Frauen wissen über das Wesen eines Mannes ziemlich wenig.

ARNO BACKHAUS

Wie kann man verhindern, dass es statt des Miteinanders ein verbissenes Gegeneinander gibt? Eine Lösung oder Teil einer Lösung: Humor! In vielen Ehen wird gar nicht mehr gelacht. Es fehlt, dass einer den anderen fröhlich auf die Schippe nimmt. Es wird nur noch mit der Spitzhacke gearbeitet – man teilt eine Spitze nach der anderen aus. Deshalb unser Tipp: Das Thema Ehe sollte auch humorvoll angegangen werden.

Es ist wie bei einem Landwirt. Bevor er das Saatgut ausstreut, wird der Boden gelockert. Wenn in einer Beziehung eine Atmosphäre der Freundlichkeit, Heiterkeit und des Humors herrscht, können auch die ernsten und wichtigen Dinge leichter ausgesprochen, angenommen und beherzigt werden. Voraussetzung ist aber, dass ich nicht immer nur Witze auf Kosten des anderen mache, sondern auch über mich selbst lachen kann.

Humor ist der Knopf, der verhindert, dass der Kragen platzt!

Man sollte seine Ehe zwar ernst nehmen, aber man muss als Ehepaar nicht immer ernst bleiben.

KÖNNEN SIE ÜBER SICH SELBST LACHEN? HIER EIN KLEINER TEST:

Ein Mann stellt seine Frau vor:
Nach 2 Jahren Ehe: »Darf ich
vorstellen, meine Frau!«
Nach 20 Jahren Ehe: »Können
Sie sich vorstellen, meine Frau?!«
Nach 40 Jahren Ehe: »Können
Sie sich mal bitte davorstellen!!!«

Warum leben Frauen länger?
Weil Gott die Zeit, die Frauen
beim Rückwärtsparken ver-
tun, noch hinten dranhängt.

Warum ist Mose 40 Jahre durch die Wüste geirrt?
Weil Männer zu stolz sind, nach dem Weg zu fragen.

Ein Mann sagt zu einer Frau:
»Ich will dich gerne zu meiner
Frau nehmen.« Die Frau darauf-
hin: »Was soll ich denn bei der?«

Der Richter zum Ehemann: »Ihre Frau verzeiht Ihnen und will es noch mal mit Ihnen versuchen.« Der Mann seufzt: »Gut, ich nehme die Strafe an.«

Sie sind schon 50 Jahre verheiratet und sitzen still nebeneinander in der Bahn. Da steigen zwei Verliebte ein und setzen sich dem alten Paar gegenüber. Zuweilen küsst der junge Mann das Mädchen. Die alte Frau schaut mit leuchtenden Augen zu. Plötzlich flüstert sie zu ihrem Gatten: »Das dürftest du auch einmal tun!« Der aber erwidert erschrocken: »Was fällt dir ein, ich kenne die Frau ja gar nicht!«

Das Ehepaar sitzt beim Mittagessen. Sie verschüttet aus Versehen die ganze Soße auf ihr neues Kleid und sagt zu ihrem Mann: »Ich sehe aus wie ein Schwein!« Darauf er: »Ja, und gekleckert hast du auch noch!«

»Liebes Schnuckelputzelchen, ich liebe dich über alles!« Sie, ganz beglückt: »Ja, mein Liebling, was kann ich für dich tun?« — »Halt den Mund, ich red' mit dem Hund!«

Die Frau beschwert sich bei ihrem maulfaulen Mann: »Du könnst mich au' ma' was froge!« – »Was soll i di denn froge?« – »Ja, wi's mir gaht.« – »Und, wie gaht's dir?« – »Ach frog net!«

»Die Polizei sucht einen großen blonden Mann um die 30, der Frauen belästigt«, liest Frau Schröder ihrem arbeitslosen Mann vor. Er daraufhin: »Meinst du wirklich, dass das der richtige Job für mich ist?«

»Chef, darf ich heute früher nach Hause gehen?« – »Warum?« – »Ich will meiner Frau beim Frühjahrsputz helfen.« – »Kommt gar nicht infrage!« – »Danke, Chef, ich wusste doch, dass Sie mich nicht im Stich lassen.«

Fragt ein Mann seine Frau: »Wirst du mich auch lieben, wenn ich alt und hässlich bin?« Daraufhin sie: »Das tu ich doch jetzt schon!«

- Wissen Sie Bescheid über die Vergangenheit und die Herkunftsfamilie Ihres Partners? Welche Fragen haben Sie noch?
- Über welche Themen wollen Sie in Zukunft noch ausführlicher miteinander sprechen?
- Gibt es für Sie Grenzen beim Thema »Humor«?

GOTTES IDEE:

LEBENSLANG

GEMEINSAM!

»PARADIESISCHE BEZIEHUNGEN«

Gleich am Anfang der Bibel, in 1. Mose 2,18, können wir nachlesen, was Gott zum Thema Beziehungen sagt: »… Es ist nicht gut für den Menschen allein zu sein. Ich will ihm ein Wesen schaffen, das zu ihm passt.« Gleich anschließend machte Gott Landtiere und Vögel. Dann lesen wir: »Er [gemeint ist Adam] gab allem Vieh, den Vögeln und den wilden Tieren Namen. Doch er fand niemanden unter ihnen, der zu ihm passte« (1. Mose 2,20). Känguru, Pinguin, Wüstenspringmaus, japanisches Hängebauchschwein, keiner war ein wirkliches Gegenüber für den Mann. Es war nichts Passendes dabei.

Gott nahm nochmals seine ganze Kreativität zusammen und formte aus der Rippe von Adam eine Frau (1. Mose 1,22). Der Mann freute sich: »Endlich jemand wie ich.« Er sagte nicht »Endlich ich!«, sondern »jemand wie ich«, jemand, der zu mir passt. Gott hat nicht geklont. Er hat Individuen geschaffen, Unikate, Einzelexemplare – deshalb sind wir ja auch so wertvoll.

Wir Menschen würden uns ja am liebsten vervielfältigen in unserer oft maßlosen Überheblichkeit. Wenn doch alle so wären wie ich, wenn die doch so reagieren würde wie ich, wenn der doch so wäre wie ich – dann wäre doch alles klar. Aber Gott weiß: Wenn auf der Erde neun Milliarden Kopien von mir herumliefen, sähe die Welt noch chaotischer aus!

ARNO BACKHAUS

Aus der Schöpfungsgeschichte können wir viel ablesen über das Wesen Gottes, über das Verhältnis von Gott zu den Menschen und wie Gott sich das Miteinander der Menschen gedacht hat. Es geht um ein Beziehungsgeflecht auf allen Ebenen: Beziehungen der Menschen untereinander und mit Gott. »Da sprach Gott: ›Wir wollen Menschen schaffen nach unserem Bild, die uns ähnlich sind. Sie sollen über die Fische im Meer, die Vögel am Himmel, über alles Vieh, die wilden Tiere und über alle Kriechtiere herrschen.‹ So schuf Gott die Menschen nach seinem Bild, nach dem Bild Gottes schuf er sie, als Mann und Frau schuf er sie« (1. Mose 1,26f).

Wir finden hier in Vers 26 den ersten klaren Hinweis auf die Dreieinigkeit Gottes – gleich dreimal in einem Satz der Hinweis auf die Mehrzahl. Gott ist schon auf Beziehung

»angelegt«. Er ist Beziehung in sich. Und sein ganzes Be-
streben, die ganze Bibel ist voller Beziehungsgeschichten.
Sie ist kein Regelwerk, das einzuhalten ist, sondern es
geht um Spielregeln, die uns guttun, damit die Beziehung
zu Gott, zum Nächsten, zu mir selbst und zur Schöpfung
wieder Heilung erfährt. Ohne Spielregeln macht kein Spiel
Spaß. Und so ist es auch mit der Beziehung zu Gott.

Wie einzigartig die Beziehung des Menschen zu Gott ist,
zeigt sich schon allein darin, dass Gott den Menschen nach
seinem Bild geschaffen hat. Der Mensch ist imstande, Gottes Eigenschaften zu verkörpern.

Er besitzt Vernunft und Intelligenz, hat einen Willen,
Emotionen und Gott hat ihn mit Kreativität ausgestattet.
Auch im moralischen Sinne ist er wie Gott. Im Urzustand –
und der existierte im Paradies noch – ist kein Makel
an ihm! Zu Beginn war der Mensch sündlos.

Der Mensch wird als Krone der Schöpfung geschaffen,
um über die Schöpfung zu herrschen. Das bestimmt die
einzigartige Beziehung des Menschen zur Schöpfung. Das
Gebot zu herrschen macht uns zu Repräsentanten Gottes –
zu seinen Botschaftern hier auf der Welt.

In Psalm 8 können wir das noch einmal mit anderen
Worten hören: »Du hast ihn zum Herrscher gemacht über
deine Geschöpfe, alles hast du ihm unterstellt: die Schafe,
Ziegen und Rinder, die Wildtiere in Feld und Wald, die
Vögel in der Luft und die Fische im Wasser, die kleinen
und die großen, alles, was die Meere durchzieht« (Psalm
8,7-9; GNB).

Das Wort »herrschen« hat bei vielen einen negativen Klang, mehr im Sinne von beherrschen und zerstören, kaputt machen. Mit einem Wort: herrisch. Aber es gibt auch Begriffe, in denen Positives mitschwingt: »Herr der Lage sein«, herrlich oder verherrlichen.

Gott gibt dem Menschen einen Auftrag, eine Aufgabe: Er soll Herr der Lage sein, im Garten Eden Gärtner sein, Gottes Schöpfung bewahren, schützen, fördern, das herausholen, was Gott an Potenzial in die Schöpfung hineingelegt hat. Seine herrliche Schöpfung verherrlichen, aber sie nicht mit Gott gleichsetzen.

> **Wer Gott allein in der Natur sucht, der sollte sich vom Oberförster beerdigen lassen.**

Ähnlich ist es, wenn ich eine Kinderzeichnung anschaue. Man erkennt in der Zeichnung die Begabungen des Kindes, vielleicht seine Ängste oder was es gerade beschäftigt. Es führt aber kein Weg daran vorbei, Zeit mit dem Kind zu verbringen, wenn man das Kind wirklich kennenlernen will. Dementsprechend findet man in der Natur das Ergebnis von Gottes Genialität, aber nicht ihn selbst. Der Mikro- und Makrokosmos sind ein Hinweisschild zu Gott. Aber das Hinweisschild ist nicht das Ziel, sondern weist auf etwas hin. Denn wer versammelt sich schon vor Hinweisschildern zum nächsten Restaurant und verhungert dann vor ihnen?

Weiter geht es mit Vers 27. Dort steht: »So schuf Gott die Menschen nach seinem Bild, nach dem Bild Gottes schuf er sie, als Mann und Frau schuf er sie« (1. Mose 1,27).

Beide Personen, der Mann und die Frau, spiegeln das Bild Gottes wider. Beide haben den Auftrag, über die Schöpfung zu herrschen. Es ist Gottes Plan, dass sie körperlich verschieden sind. Nur so können sie Gottes Auftrag, die Erde zu besiedeln, erfüllen. Deshalb ist jede gelungene Partnerschaft ein Lob der Herrlichkeit Gottes und spiegelt seinen Charakter wider!

Nochmals kurz zusammengefasst: Der dreieinige Gott schafft sich ein Gegenüber, mit dem er Gemeinschaft haben will. Adam wird als Einzelexemplar geschaffen, doch erst mit Eva zusammen wird er zur Gattung »Mensch«. Gemeinsam können sie sich ergänzen und ein Leib werden.

Und erst damit ist der Mensch fähig, Gott widerzuspiegeln, der in sich schon auf Beziehung angelegt ist. Die Gemeinschaft, die Gottes Wesen ausmacht, findet ihre Entsprechung in Mann und Frau als Einheit!

Gott, dessen Kernstück, man könnte fast denken, dessen Lebensinhalt es ist, eine liebende Beziehung zu den Menschen zu haben, dieser Gott legt den Menschen also auf Gemeinschaft an.

Warum hat Gott zuerst den Mann erschaffen? Weil ein Künstler auch erst eine Skizze macht, bevor er sein Meisterwerk erstellt!

Wenn mir Arno manchmal durch seinen Schwung und seine nicht zu bremsende Hektik auf den Geist geht, dann denke ich zwar manchmal: »Es ist doch gut, wenn der Mensch allein ist. Dann kann er wenigstens seinen Stiefel machen!«

Aber das ist nicht der Sinn der Sache. Die Aufgabe bzw. der Sinn der Ehe ist: Aus zwei mach eins.

Zwei völlig unterschiedliche Menschen werden zu einem Leib zusammengefügt.

HANNA BACKHAUS

Wenn wir als Paar Zeit miteinander verbringen, uns immer besser kennenlernen, dann erkennen wir irgendwann »die Nacktheit« des anderen. Seine Fehler und Schwächen, das, was der andere unter seinem »Deckmäntelchen« versteckt. Natürlich entdecken wir auch unsere eigene Blöße, aber die wollen wir gern weiter verbergen. Lieber stellen wir unser Gegenüber bloß.

Adam und Eva wurde übrigens erst nach dem Reinfall auf die schönen Sprüche der Schlange bewusst, dass sie nackt waren. Als Gott sie dann besuchen kam, versteckten sie sich ängstlich. Sie hatten sich von Gott getrennt. Die Sünde, wie Gott sein zu wollen, ihr eigener Herr sein zu wollen und wissen zu wollen, was gut und böse ist, warf sie auf sich selbst zurück. Sie fielen aus der ungebrochenen Gemeinschaft mit Gott heraus.

»Du bist schuld«

Und noch im Paradies schieben sie prompt die Schuld an diesem Desaster auf Gott und aufeinander.

Adam sagt doch tatsächlich: »»Die Frau, (...) die **du** mir zur Seite gestellt hast, gab mir die Frucht. Und deshalb habe ich davon gegessen.‹« (1. Mose 3,12). In anderen Worten: »Also, Gott, du bist eigentlich selbst schuld, hättest du mir nicht diese Frau gegeben, dann wäre nichts passiert.« Was war aber wirklich die Schuld Adams? Er hatte doch aktiv gar nichts Böses getan! Er hatte die Frucht ja nur angenommen. Doch genau das ist das Problem! Er hat's einfach nur angenommen. Er hat's hingenommen, mitgemacht, nichts dagegen getan! Einfach so faul und träge vor sich hingesündigt.

Eva wiederum scheint leicht verführbar. Vielleicht verfügt sie – typisch Frau – über ein reiches Gefühlsleben und viel Fantasie. Und sie ist in der Lage, ihren Mann gleich mit zu verführen. Das war ganz leicht, er hatte ihr in dem Moment nichts entgegenzusetzen. Auch damals war es dasselbe Problem wie heute in vielen Beziehungen: Adam ist einfach nur passiv – typisch Mann! Und Eva ist leicht zu überreden und weiß alles besser – typisch Frau! Aus diesem Zustand heraus müssen wir Menschen bis auf den heutigen Tag unsere Ehe leben und gestalten – immer im Kampf gegen unser eigenes dickes Ego!

Aber es gibt Hoffnung: Seit Jesus wissen wir, dass wir nicht auf verlorenem Posten kämpfen. Er baut uns durch seinen Tod am Kreuz eine Brücke zurück zur Gemeinschaft mit Gott. Er versöhnt uns mit Gott, dadurch mit uns selbst und auch mit unserem Nächsten. Beziehung auf allen Ebenen ist wieder möglich.

Nun soll es ja tatsächlich Leute geben, die fragen: »Wer ist denn mein Nächster?« Obwohl da einer ist, der keinen halben Meter entfernt in ihrem Bett schläft! Und das jede Nacht. Dein und mein Nächster ist zunächst der Ehepartner. Den dürfen wir lieben wie uns selbst, an ihm dürfen wir Liebe einüben.

Wann haben Sie Ihren Ehepartner zuletzt als Ihren »Nächsten« gesehen?

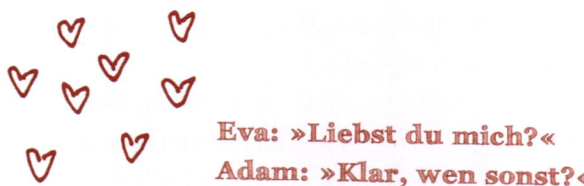

Eva: »Liebst du mich?«
Adam: »Klar, wen sonst?«

Liebe ist Arbeit

Vom Willen gesteuerte Liebe ist eine Kraft, die uns verändert. Diese Liebe nennt die Bibel Agape-Liebe. Sie verändert uns so, dass aus zwei Menschen eine Einheit entstehen kann. Diese beiden, die eins geworden sind, ein mit Gott verbundenes Ehepaar, sind ein Leuchtturm in dieser Gesellschaft. Sie sind ein Beweis dafür, dass Gott unsere Welt noch nicht aufgegeben hat. Wir und Sie als Paar haben also die Verantwortung, in dieser Welt sichtbar zu machen, dass das Reich Gottes noch im Bau ist.

Eine gute Partnerschaft und ein gutes Familienleben sind eine lohnende Investition ins Reich Gottes, denn es profitieren auch mögliche Kinder davon. Sie werden beziehungsfähig, wenn sie erleben, wie die Eltern mutig und liebevoll ihre Beziehung angehen. Ein gutes Vorbild vervielfältigt sich und hat einen dringend notwendigen positiven Einfluss auf unsere Gesellschaft. Gute Ehebeziehungen demonstrieren, wie Gott sich Familie gedacht hat. Wenn wir als Christen das nicht vorleben, leben andere ihre Art der Beziehung vor.

Die Entscheidung zu heiraten haben wir aus dem Glauben heraus getroffen. Der Schritt vor den Altar war für uns ein Glaubensschritt! Wir haben »Ja, mit Gottes Hilfe« gesagt. Denn wir sind überzeugt: Dieses Abenteuer kann nur mit Gottes Hilfe gelingen.

HANNA & ARNO BACKHAUS

Der Schritt in die Ehe ist mit unserer Umkehr und Bekehrung zum Glauben vergleichbar. Die einzigen Kräfte, die ein menschliches Herz von Grund auf umformen können, sind die Liebe Gottes und die Liebe eines Menschen. Erziehung ohne Liebe kann kein Herz verändern.

Ehe ist die ständige Erneuerung in Liebe. Nie sind wir fertig mit der Liebe. Das Ziel dieser Erneuerung ist, aus zwei Egoisten einen Leib zu machen. Das ändert auch die Blickrichtung: Zwei, die sich zuerst gegenüberstehen und sich angucken, sollen sich drehen und nach vorne, in eine Richtung, schauen. Das gemeinsame Ziel ist der Wendepunkt.

Es geht in der Ehe auch um Ergänzung. Ich kann den anderen nicht so haben wollen, wie ich selbst bin, oder nach meinen Wünschen umformen. Wir können und sollen uns an der Andersartigkeit des anderen erfreuen und sie als Ergänzung zu mir verstehen.

Hören Sie auf oder fangen Sie erst gar nicht damit an, die Andersartigkeit als Problem anzusehen. Versuchen Sie, die Chancen zu entdecken, die darin liegen. Im geschützten Rahmen der Ehe dürfen Sie üben. Wer übt, macht Fehler, und das ist auch gut so. Wir dürfen Fehler machen und an unseren Fehlern wachsen, lernen und reifen. Ich finde es fantastisch von Gott, dass er uns auf Gemeinschaft hin geschaffen hat. Wir sollen nicht alleine im Leben rummurksen. Das ist nicht im Sinne Gottes.

HANNA BACKHAUS

Selbstverwirklichung ohne ein Gegenüber macht stolz. Jeder verwirklicht sich selbst im politischen, wirtschaftlichen, privaten und ehelichen Chaos. Warum? Weil jeder so viel Wert auf sich »selbst« legt, auf seine Vervollkommnung. Selbstbehauptung, Selbstreinigungskräfte der Wirtschaft, Selbstbewusstsein, Selbsterkenntnis. Dabei werden erwachsene Menschen wie kleine, beleidigte Kinder, die sagen: »Ich kann das aber selbst! Ich kann das alleine – ätsch!« Das hört sich fast noch genauso an wie damals, wenn einer dem anderen ein schnippisches »Dann mach ich's halt selbst!« an den Knopf knallt. Doch diese Zeit des kindlichen Egoismus ist vorbei. Als Erwachsene steht uns unser Stolz im Weg. Aber Selbstverwirklichung ohne ein Gegenüber und eine maßlose Individualisierung machen einsam und blind.

Man braucht den anderen, um sich selbst zu erkennen. Der Spiegel im Bad und im Flur betrügt mich. Ich bin auf den anderen angewiesen. Ich brauche seine Hilfe und seinen Trost, seine Ermahnung und seine Korrektur, sein Reden und Schweigen, seine Barmherzigkeit und manchmal auch seine Konsequenz.

Adam sagte zu Gott, als er Eva sah: »Endlich jemand wie ich. Sie gehört zu mir.« Männer, hört gut zu! Da steht nicht: »Sie gehört mir«, sondern: »Sie gehört **zu** mir«.

Und es geht nahtlos weiter. Alle Eltern und Schwiegereltern sollten sich jetzt bitte anschnallen und genau hinhören! Originalton Bibel: »Deshalb verlässt ein Mann Vater und Mutter, um mit seiner Frau zu leben. Die zwei sind dann eins, mit Leib und Seele« (1. Mose 2,24; GNB). Die Bibel erspart uns auch gar nichts. Manche Eltern würden diese Passage liebend gern aus der Bibel streichen. Aber hier steht ganz klar: Unsere Hauptaufgabe sind nicht unsere Kinder – denn sie werden uns nicht lebenslang begleiten –, sondern der Partner. Je früher und je besser man das Loslassen der Kinder geübt hat, desto besser wird das Verhältnis zu den Kindern. Das ist wie mit der Liebe: Wenn man sie bei sich festhält, geht sie kaputt, aber sie vermehrt sich, wo sie verschenkt wird: verschenkt, weitergegeben, abgegeben?

Kinder sind wie Bumerangs – wenn man will, dass sie zurückkommen, muss man sie im rechten Moment loslassen. Konstruktives, aufbauendes Loslassen ist angesagt. Das möchte Gott von uns. Kein beleidigtes Loslassen nach dem Motto: »Mach doch, was du willst« oder: »Na gut, dann sieh mal zu, wie du selbst zurechtkommst.« Gott möchte ein Loslassen, das den anderen ermutigt. Es muss dem anderem die Freiheit lassen, selbst Fehler zu machen. Das Loslassen sollte das Glück und den individuellen Weg des anderen beachten und in den Mittelpunkt stellen. Das gelingt nur, wenn man den Blick weg von sich selbst richtet und den anderen in den Mittelpunkt stellt. Und nicht, wenn die eigenen Vorstellungen und der eigene perfekte Plan übergestülpt werden.

Das alte Idealbild der Großfamilie, wo Hund und Katze, Kuh und Ziege, Säugling, Kleinkind, Jugendliche, Eltern, Großeltern und am besten noch Urgroßeltern unter einem Dach leben, wo alle alles teilen und ein Herz und eine Seele sind, ist nicht das Familienbild, das die Bibel uns als Vorbild darstellt. Großfamilien haben sich im Laufe von Jahrtausenden entwickelt und Gott hat diese Entwicklung zugelassen. Natürlich gibt es immer wieder Schilderungen von Großfamilien, dennoch ist es ganz klar, dass ein Mann Vater und Mutter *verlassen* wird. Räumlich vielleicht, aber innerlich ganz sicher – und das ist oft schwer! Aber er soll sich ganz auf seine neue Familie einlassen und sich ihr

zuerst verpflichtet fühlen – nicht mehr seiner Herkunftsfamilie. Seine dringlichste Aufgabe ist es, Ehepartner und Vater in seiner Familie zu sein. Deshalb sollen die Eltern den Sohn ziehen lassen und es nicht wagen, an der Schwiegertochter rumzuerziehen. Das räumliche Verlassen ist hier eine große Hilfe, denn wenn die Großfamilie zusammenwohnt, ist diese innere Trennung oft nur schwer zu vollziehen. Es ist ein biblisches Prinzip: die Herkunftsfamilie verlassen und etwas Neues eingehen – eins mit der eigenen Frau werden.

Ein ganz ähnliches Bild finden wir auch in Prediger 4, 9-12:

»Zwei haben es besser als einer allein: Zusammen erhalten sie mehr Lohn für ihre Mühe. Wenn sie hinfallen, kann einer dem anderen aufhelfen. Doch wie schlecht ist der dran, der allein ist und fällt, und keiner ist da, der ihm beim Aufstehen hilft! Es können sich zwei, die in einer kalten Nacht unter einer Decke liegen, aneinander wärmen. Doch wie kann einer, der alleine liegt, warm werden? Ein Einzelner kann leicht von hinten angegriffen und niedergeschlagen werden; zwei, die zusammenhalten, wehren den Überfall ab. Und: Ein dreifaches Seil kann man kaum zerreißen.«

So weit die Bibel. Was ist das Ziel einer starken Schnur? Man kann sie zum Beispiel nutzen, um etwas zu »ziehen«. Das steckt auch in dem Wort »erziehen« drin. Sind wir bereit, uns gegenseitig zu ziehen? Im Winter vielleicht, wenn der Mann die Frau auf dem Schlitten zieht, aber zu erziehen? Erziehen Sie sich gegenseitig. Erlauben Sie dem anderen, an Ihnen zu arbeiten, ein Leben lang. Es gibt so viele Ehen, in denen die Partner nicht zusammenarbeiten, sondern gegeneinander. Wir sollen es aber zu etwas bringen. Um das zu erreichen, sollen wir zusammenarbeiten. Dabei geht es nicht darum, mir den Partner so zurechtzubiegen, dass er mir passt – dies ist kein Aufruf zum Dauernörgeln! Sondern vielmehr soll ich meinen Partner dabei unterstützen, ein Mann oder eine Frau nach dem Herzen Gottes zu werden.

Als Paar soll man zusammenarbeiten, das heißt, dass Liebe durchaus anstrengend sein kann und einem nicht in den Schoß fällt. Geduld, Barmherzigkeit, Treue, Nachsicht – das hört sich nach Arbeit an! Wir Frommen hätten gern, dass wir kurz beten und den Rest dann Gott macht. Wir falten fünf Minuten die Hände, und die Arbeit überlassen wir ihm. Nein, leider – oder zum Glück – läuft es nicht so. Eine gute Beziehung ist Arbeit, manchmal Knochenarbeit.

> Meine Frau sagt: Lieber Ordnung halten als Ordnung machen, das heißt: Kontinuierliches Aufräumen braucht weniger Zeit als alles vergammeln zu lassen und dann in einem großen Kraftakt aufzuräumen. Aus unserer Erfahrung lässt sich das auch übertragen: Kontinuierliche Arbeit an der Beziehung erspart den Großputz.
>
> **ARNO BACKHAUS**

Die Ehe ist kein Fertighaus, sondern eine ständige Baustelle. Auch wenn sie sich nach außen vielleicht schön darstellt, so wird der Innenausbau niemals fertig. Haben wir den Mut, das auch nach außen zuzugeben? Haben wir den Mut, anderen zu zeigen, dass die Beziehung zweier Menschen ein täglicher Kampf ist, bei dem man sich immer wieder neu für den anderen entscheiden muss?

Eine Ehe ist wie eine Klettertour auf einen Dreitausender. Und Jesus klettert mit als der Dritte im Bunde. Er steht nicht unten und dirigiert per Funkgerät. Er bringt sich mit in Gefahr, er leidet und freut sich und schwitzt mit uns. Er ist der, der sich auf dem Berg optimal auskennt, er zeigt immer wieder den Weg, wo's langgeht. Vorausgesetzt natürlich, dass man ihn in jeder Lage als Bergführer akzeptiert und nicht nur in den Situationen, wo sein Weg sinnvoll aussieht. Manchmal führt er auch unverständliche und umständliche Umwege, deren Sinn sich erst im Rückblick zeigt.

»Wenn zwei zusammenarbeiten, bringen sie es eher zu etwas.« Sinn der Gemeinsamkeit, der Zusammenarbeit: Wir sollen stark werden, lebenstauglich, kräftig. Wir sollen eine Gemeinschaft,

eine Seilschaft werden. Da steckt das Wort »schaffen« drin, gemeinsam schaffen – nicht die Frau schafft und der Mann guckt Fußball. Gemeinsam schaffen. Lebenshilfe, Überlebenshilfe, lebenstüchtig werden: Das ist Sinn der Ehe.

Vers 10: »Wenn zwei unterwegs sind und einer hinfällt, dann hilft der andere ihm wieder auf die Beine. Aber wer allein geht, ist übel dran, wenn er fällt, weil keiner ihm helfen kann.«

Er als Verlobter:
»Mein süßes Kleinchen, heb die Beinchen, dort liegt ein Steinchen!«
Nach 10-jähriger Ehe:
»Alte, heb die Beine, dort liegen Steine.«
Nach 20-jähriger Ehe:
»Olle, heb de Botten, da liegen Klamotten.«
Nach 50-jähriger Ehe:
»Jooh, fall doch hinne, ich hab's doch glich gewusst!«

Aus eigener Erfahrungen können Hanna und ich nach 34 Jahren Ehe sagen: Wir sind oft gefallen und wir fallen auch heute noch – und damit meine ich nicht das körperliche Fallen. Das hält sich zurzeit noch etwas in Grenzen. Damit meine ich versagen, schuldig werden vor Gott, dem Ehepartner, vor anderen Menschen und vor mir selbst. Dann ist es wichtig, dass genau das passiert, was in diesem Bibeltext steht: dass einer dem anderen wieder aufhilft, ihm wieder auf die Beine hilft.

ARNO BACKHAUS

Schön wär's ja, wenn das so selbstverständlich ginge. Wenn es nichts Schöneres gäbe, als den anderen wieder in die Spur zu stellen. So wie man einen entgleisten Zug wieder aufs Gleis stellt. Aber da gibt es Züge, die lieber neben dem Gleis vor sich hinruckeln wollen, oder solche, die denken, sie führen prima schnurgerade auf der richtigen Spur.

Auch hier haben wir eine lebenslange Aufgabe, ein lebenslanges Übungsfeld in unserer Ehe vor uns: hinfallen – vergeben – aufhelfen, hinfallen – vergeben – aufhelfen, hinfallen – vergeben – aufhelfen ... Wir vergeben uns nichts, wenn wir dem Partner unendlich oft vergeben. Erinnern Sie sich an diesen Kreislauf?

Auf dem Weg nach oben, auf dem Weg zum Gipfel, kann es in einem Schneesturm manchmal erbärmlich kalt werden. Wie oft habe ich in unterschiedlichen Situationen menschliche Kälte gespürt, Ablehnung, Missverständnisse, Arroganz, Unverständnis. Da habe ich innerlich richtig gefroren, da wurden meine Seele und mein Herz eiskalt. Manchmal haben mich andere mit ihrer Kälte angesteckt. Aber oft genug habe auch ich andere mit meiner Kälte konfrontiert. Da tut es gut, einen Partner zu haben, eine lebendige Solarzelle Gottes, bei der man wieder Wärme auftanken kann. Verständnis, Liebe, Geborgenheit. Einen Partner, bei dem man sich ausheulen und aussprechen kann.

Wenn einer klettert, kann er leicht »überfallen« werden. Von einem Schwächeanfall, einem Gewitter.

Da tut es gut zu wissen, dass ich nicht in die Tiefe der Depression, der Wertlosigkeit, der Selbstanklage fallen muss, sondern dass ich gesichert werde von einer anderen Person.

ARNO BACKHAUS

Der alte Herr Raiffeisen, nach dem die Raiffeisenbank benannt wurde, war überzeugter Christ. Sein Wahlspruch, der aus seiner christlichen Verantwortung heraus entstand, hieß: »Vereint sind auch die Schwachen mächtig.« Das ist damit gemeint in Vers 12: »Ein dreifaches Seil kann man kaum zerreißen.«

Es gibt in jeder Ehe Konfliktbereiche, die man bewusst aussparen und für das Gespräch mit Freunden oder einem Seelsorger aufheben sollte. Es gibt Spannungen, die Sie als Paar nicht alleine bewältigen können. Da benötigen Sie eine dritte Person, einen Dritten im Bund, eine dritte Schnur. Warum? Damit das Seil nicht reißt. Ein Seil aus drei Schnüren reißt nicht so schnell.

In dem Wort Bindfaden steckt das Wort Bund. Es ist klug, Jesus als Ersten im Bunde mit einzubeziehen in die Ehe. Mit Gott verbunden, mit ihm als Verbündetem, wird die Ehe stark und kräftig.

Bis das so weit ist – und das geschieht wie gesagt nicht von heute auf morgen –, braucht es Kommunikation auf allen Ebenen. Die Ehe ist ein einziges langes Gespräch, dann und wann von einer Auseinandersetzung unterbrochen. Ein Gespräch über Gott und die Welt, aber besonders über das, was man fühlt, was Angst macht, was belastet. Über das, was traurig oder fröhlich macht, was der eine träumt oder was man gemeinsam plant. Das gemeinsam zu besprechen und vor Gott zu bringen, ist die Fortsetzung dieses Gesprächs.

Dabei dürfen Sie auf keinen Fall vergessen, sich täglich zu sagen, was Ihnen der andere wert ist. Der Schlüssel zum Herzen des anderen ist, ihm die Wertschätzung zu geben, die er braucht, um sich seines eigenen Wertes immer wieder bewusst sein zu können. Sie besitzen damit den Schlüssel zu seinem Herzen, den Gott Ihnen bei der Hochzeit in die Hand gegeben hat.

 **HANNA BACKHAUS**

In der Liebe zum Partner spiegelt sich die Liebe Gottes wider. Diese Treue schwappte über auf alle Menschen.

Jesu Liebe und seine Opferbereitschaft erfasste die Jünger und kam damit auch zu uns. Die Aufgabe, ja der Auftrag einer jeden Ehe ist es, Gottes Liebe in diese Welt, zu den Menschen, die Gott liebt, zu transportieren. Um ihn damit zu ehren.

Eine gelungene Partnerschaft ist ein Lob seiner Herrlichkeit, eine misslungene Ehe schmerzt ihn. Lassen Sie sich nicht entmutigen – der Weg besteht aus vielen kleinen Schritten. Jeder Weg beginnt mit einem Schritt.

Wer hat das Sagen?

Auch im Neuen Testament werden uns Maßstäbe zum
Thema Ehe vorgestellt. In unserer Gesellschaft gelten sie
weitgehend als überholt. Aber vielleicht sind sie gar nicht
so out, wenn wir einmal etwas genauer hinsehen. Im Brief
an die Epheser schreibt Paulus (Epheser 5,21-26a; HFA):
»Ordnet euch einander unter; so ehrt ihr Christus.« Einer
ordnet sich dem anderen unter, das ist keine Einbahnstra-
ße. Je nachdem, wie es die Situation erfordert. Und es geht
weiter: »So wie ihr Frauen Christus gehorcht, sollt ihr euch
euren Männern unterordnen. Denn wie Christus als Haupt
für seine Gemeinde verantwortlich ist, die er erlöst hat, so
ist auch der Mann für seine Frau verantwortlich. Und wie
sich die Gemeinde Christus unterordnet, weil sie ihn liebt,
so sollen sich auch die Frauen in allem ihren Männern unterordnen.« Dies gilt für die Frauen. Ja, wer sind wir denn,
dass wir uns irgendwem unterordnen? »Ich bin doch nicht
blöd und schon gar nicht von gestern!«, sagt da so manche Frau. Aber lassen Sie uns den Grundtext einmal genauer anschauen. Im Griechischen steht »hypotasso« für
»unterordnen«. Hypo = »unter-, nachwerten«, tasso =
»eine Person oder Sache an einen geeigneten Platz stellen«. Wir glauben, dass der geeignete Platz für eine Frau
unter dem Schutz der Liebe ihres Mannes ist. Nicht, weil
sie etwa minderbemittelt wäre, im Gegenteil. Weil sie ihm
durch ihre intuitive Begabung und ihre Fähigkeit, Gefühle
in Worte zu fassen, in Beziehungsdingen zuerst einmal
überlegen ist. Wir alle wissen, dass eine Frau allein durch

ihr Mundwerk einen Mann zum Strichmännchen machen kann. Es ist zum Schutz der Frau und der ehelichen Liebe gesagt: Die Frau soll sich selbst hinter ihrem Mann einstufen, ihm den Vortritt lassen, ihn nicht durch ihre Überlegenheit in Beziehungsdingen kleinmachen oder einengen.

Ein Mann braucht zur Entfaltung in der Ehe vor allem Achtung. Er braucht die Wertschätzung seiner Frau, um seine Fähigkeit, sie zu lieben und sich für sie hinzugeben, entfalten zu können. Daraus folgt dann seine Reaktion: »Und ihr Ehemänner, liebt eure Frauen mit derselben Liebe, mit der auch Christus die Gemeinde geliebt hat. Er gab sein Leben für sie« (Epheser 5,25).

Eine Frau gehört einem Mann nur ganz, wenn sie die Erfahrung gemacht hat, dass sie ihm voll vertrauen kann. Sie hat gespürt, er redet nicht nur, sondern er tut das auch, was er sagt. Er ist echt. Er würde alles tun, um mich zufrieden zu machen. Ja, er würde sogar ein Opfer bringen, nur um mich glücklich zu wissen. Er denkt und lebt nicht in erster Linie für sich selbst. »Niemand liebt mehr als einer, der sein Leben für die Freunde hingibt!« (Johannes 15,13, HFA).

Eine Frau ordnet sich einem Mann, der sie so liebt, gern unter, weil sie weiß, dass sie durch ihn geschützt ist. Und ein Mann opfert seine Liebe, Kraft und seine Zeit gerne für seine Frau, weil er weiß, dass die Bereiche, die bei ihm unterbelichtet sind, durch sie ausgeglichen und ergänzt werden.

> Der jeweils andere ist nicht deshalb anders, um mich mit seiner Andersartigkeit auf die Palme zu bringen, sondern um mich zu schleifen wie einen Diamanten. Mann und Frau sind wie Diamanten, man muss sie mit Fassung tragen.

HANNA BACKHAUS

Nochmals zurück zum biblischen Text: »Ordnet euch aus Achtung vor dem Herrn bereitwillig einander unter. (...) So wie die Gemeinde sich Christus unterordnet, sollt ihr Ehefrauen euch auch euren Männern in allem unterordnen. Und ihr Ehemänner, liebt eure Frauen mit derselben Liebe, mit der auch Christus die Gemeinde geliebt hat« (Epheser 5,21-24f). Dieser Vergleich zeigt, wie wichtig die Ehe und das eheliche Miteinander in Gottes Augen sind: Wäre die Ehe aus biblischer Sicht nicht so wichtig, wäre nicht dieses starke Bild der Vergleichspunkt. Jesus hat sich für die Gemeinde hingegeben und geopfert. Die Frage, dich sich jeder Einzelne stellen muss, lautet: Opfern wir Männer uns für unsere Frauen auf? Oder müssen die Frauen für unseren Dienst und unsere Aufgabe nonstop Opfer bringen? Das Gleiche gilt natürlich auch andersherum.

Aus diesem gegenseitigen Unterordnen kann im positiven Sinne ein Wettbewerb werden. Es darf in unserer Ehe zugehen wie in einem Ameisenhaufen: Mal ist der eine »oben« und der andere steckt zurück und umgekehrt. Das können wir gemeinsam einüben, trainieren und lernen.

Gibt es in Ihrer Ehe diesen »Wettbewerb«? Wo haben Sie sich bewusst untergeordnet und wo steckt der andere zurück? Wo bringen Sie Opfer und wo der andere?

- **Welche Gedanken aus der Schöpfungsgeschichte sind neu für Sie?**
- **Was möchten Sie mit Ihrem Partner noch genauer besprechen?**

_____

_____

_____

_____

_____

_____

_____

_____

_____

_____

_____

_____

_____

_____

_____

_____

_____

_____

WIR SIND UNTER- SCHIEDLICH!

»ICH WILL DICH KENNENLERNEN!«

Man sperrt also zwei grundverschiedene Typen zusammen, und die beiden müssen versuchen, möglichst ohne Mord und Todschlag miteinander auszukommen. Diese Unterschiedlichkeit, von der wir eben geschrieben haben, erlebten wir in unserer Ehe zuerst auch als sehr schmerzlich. Aber wir haben gelernt, dass wir den anderen für unser seelisches Gleichgewicht brauchen. Auch wenn der andere total anders denkt, redet, fühlt und handelt wie wir selbst. Jeder für sich alleine hätte Schieflage. Durch den anderen können wir ins Gleichgewicht kommen.

Die Impulse, die wir hier weitergeben, sind selbst durchlitten. Oft wussten wir nicht, wie uns geschah. Wir hatten unterschiedliche Bedürfnisse und Erwartungen. Erst später haben wir durch Bücher oder Menschen Worte für das Erlebte gefunden. Eines haben wir sehr bald nach der Hochzeit begriffen: Wir haben nicht mit der Luxusjacht »Ehe« im Hafen angelegt, um zukünftig zu genießen und auszuruhen. Im Gegenteil: Wir befanden uns auf hoher See! Ab und zu bei einer leichten Brise, aber immer wieder auch bei Windstärke acht bis zehn. Wir mussten immer wieder die Ärmel hochkrempeln.

HANNA BACKHAUS

Wir leben in einer Zeit, in der es darauf ankommt, Erfolg zu haben. Deshalb definieren wir uns mehr und mehr über Erfolg, vor allem über Erfolg im Beruf. So kommt es, dass wir jede Menge Kraft, Zeit und Engagement in Lebensbereiche investieren, die mit unserer Ehe und Familie nichts zu tun haben. Wir lassen uns ausbilden und fortbilden, um beruflich weiterzukommen. Dabei bleibt für die Ehe immer weniger Zeit übrig. In diesem Bereich sind wir weder gebildet noch fortgebildet – höchstens eingebildet! Das lässt sich am Zustand vieler Ehen ablesen. Ungelernte Eheamateure wursteln vor sich hin. Im beruflichen Bereich würden wir einen solchen Pfusch nicht zulassen!

Nicht, dass wir uns falsch verstehen: Die Arbeit ist etwas Gutes für uns Menschen. Aber man kann leicht den Eindruck bekommen, das Wohl und Wehe unseres Lebens hinge von der Arbeit ab: Entweder haben wir Mühe, das Pensum zu bewältigen, oder die Arbeit drängt uns ihre Zeitpläne auf. Die Bedürfnisse von Ehe, Familie und Gesundheit kommen dann oft zu kurz.

Richtig schlimm wird es aber besonders dann, wenn wir keine Arbeit haben. Arbeit gibt unserem Leben in beschränktem Maße Sinn und Strukturen, in denen wir uns sicher bewegen können. Erst wenn man keine Arbeit hat, merkt man, wie wichtig und positiv Strukturen sind. Häufig sieht man nur, dass die Arbeit uns die Möglichkeit nimmt, den Alltag frei gestalten zu können. In Wahrheit ist es ist eine Gratwanderung, die Strukturen positiv zu nutzen, sich aber nicht von der Arbeit »auffressen« zu lassen.

Die Gefahr ist, dass wir die Prioritäten unseres Lebens verwechseln. In Beruf, Gemeinde und Vereinen geben wir unser Bestes, zu Hause wollen wir nur die grüne Wiese abgrasen. Am Ende wundern wir uns, wenn außer Öde und Trostlosigkeit nichts mehr übrig bleibt: Kein Halm und keine Blüte sind mehr zu sehen. Im öffentlichen Leben halten wir uns für unersetzlich, aber zuhause machen wir uns rar. In Wahrheit sollten unsere Prioritäten genau umgekehrt sein. Unersetzlich sind wir nur für den eigenen Mann, die Frau oder die Kinder. Wer morgen nicht zu seinem Arbeitsplatz zurückkehrt, findet dort übermorgen einen anderen. Im beruflichen Bereich ist keiner unersetzlich.

Unseren Platz in der Ehe, die Rolle, die wir als Ehemann oder Ehefrau haben, kann niemand anderes übernehmen. Tatsache ist: Eine gute Ehe, die auch in Krisensituationen ein Halt ist, fällt nicht vom Himmel. Sie bedarf ständiger Pflege und einer gehörigen Portion Fantasie. Jedem Autobesitzer ist klar, dass er sein Auto regelmäßig zur Wartung und Pflege bringen muss, wenn es uns sicher transportieren soll. Doch die Wartung der Ehe verlieren viele aus dem Blick. Keiner geht mit seinem Auto so um wie mancher mit seiner Ehe.

Bevor man heiratet, sollte man eine Entscheidung über die Prioritäten treffen und das Gespräch darüber mit dem Partner suchen: Will ich nur mir und meinem Job dienen? Oder meinem Missionswerk, meiner Gemeinde usw.? Oder will ich vor allem anderen meiner Frau und meiner Familie dienen?

Kaum ein Mann und auch kaum eine Frau stellt sich diese Frage am Anfang der Ehe, obwohl sie entscheidend ist für den weiteren Verlauf einer Ehe und die Struktur der Familie. Diese Frage sollte man als Paar gemeinsam besprechen, damit Enttäuschungen und Missverständnisse vermieden werden können.

Wenn ich mich kritisch hinterfrage und merke, dass ich sowieso keine Zeit für meinen Partner habe und ich der Partnerschaft eine niedrigere Priorität einräume, dann sollte ich lieber unverheiratet bleiben. Ich kann mir nicht vorstellen, dass es Gottes Wille ist, uns einen Partner an die Seite zu stellen, den wir im Laufe der Zeit immer mehr an den Rand stellen. Den wir abstellen wie einen Besen in die Besenkammer, weil unser Dienst in der Gemeinde und unsere Arbeit immer mehr Zeit beanspruchen!

Diese bewusste Entscheidung für Ehe und Familie hat entscheidende Auswirkungen auf alle meine Lebensbereiche.

Das große Geheimnis ist, dass ich mir selbst einen Gefallen tue, wenn ich in meine Partnerschaft Zeit und Mühe investiere. Zeitinvestitionen für sich selbst, in die Ehe und die Kinder zahlen sich später in vielfachem Zeitgewinn aus – allein dadurch, dass die Verständigung zwischen den Familienmitgliedern problemlos klappt. Beziehungsfähigkeit ist lernbar, aber nur, wenn Zeit investiert wird. Je glücklicher mein Partner mit mir ist, desto mehr positive Auswirkungen hat das auf mich, die ganze Familie und die Atmosphäre zu Hause.

Wenn meine Frau glücklich und ausgeglichen ist, wird sie mehr Kraftreserven haben, die sie sonst in Streitigkeiten und Konflikten verschwenden müsste. Sie können als Ehepaar viel mehr leisten, wenn Ihre Beziehung intakt ist.

Meine Frau und ich könnten nicht so viele Dienste in Anspruch nehmen, wenn wir nicht Jahre in uns selbst investiert hätten, Beziehungsarbeit geleistet hätten. Und was haben wir gearbeitet und geackert. Wir haben die ersten vier bis sechs Jahre permanent gekämpft und gestritten. Das war dieses vorhin erwähnte Arbeiten an unseren Lebenshäusern, das Abtragen unserer Ruinen.

ARNO BACKHAUS

In der ersten Verliebtheitsphase scheint alles einfach. Wir finden uns interessant und sind voller Enthusiasmus. Liebesbriefe oder Mails wandern hin und her. Aber sobald das Gefühlsbarometer fällt, neigen wir dazu aufzugeben. Manche bezeichnen den Tag der Hochzeit als »Grüne Hochzeit«. Doch dieses »Grün« ist schnell abgegrast. Dann liegt der Boden brach und wird trocken, fest und hart. Mann und Frau trampeln nur noch darauf herum. Niemand gräbt mehr um oder bearbeitet das Feld. Der Spaten und die anderen Geräte liegen herum und rosten vor sich hin. Der Wind fegt in Form eines rauer gewordenen Umgangstons über das Ehefeld. Die Sexualität hat kein Feuer mehr, das Kribbeln im Bauch hat mächtig nachgelassen.

»Kennst du das beste Verhütungsmittel?« — »Nein!« — »Richtig!«

In vielen Ehen erleben Mann und Frau die Unterschiedlichkeit, die sie zuerst so anziehend füreinander machte, als Konfliktpotenzial.

Was hat Sie am Anfang Ihrer Beziehung an Ihrem Partner fasziniert?

_____

_____

_____

_____

_____

_____

Als ich meine Frau kennenlernte, kam ich mir vor wie jemand, der in den Bergen einen Kristall entdeckt. Ich war verliebt bis über beide Ohren! Mein Tunnelblick richtete sich ausschließlich auf den Kristall. Der Verliebtheit folgte die Hoch-Zeit – unsere Hochzeit. Doch nach nicht allzu langer Zeit wurde schnell eine »Huchzeit« daraus. »Huch, was hab ich mir denn da für eine angelacht!?«

ARNO BACKHAUS

Wenn die erste Verliebtheit nachlässt, sieht man plötzlich auch das ganze Geröll rund um den Kristall. Das ist ein ähnliches Bild wie das von den Ruinen. An dieser Stelle fängt die Ehearbeit an. Es geht dabei darum, die Ecken und Kanten des anderen wie ein Bildhauer zu beschlagen, sodass der Diamant zum Vorschein kommt, das Potenzial das Gott in die Person hineingelegt hat. Ehe heißt auch, dass der andere mich »beschlagen« darf, dass wir uns gegenseitig »bearbeiten«, uns »in Beschlag nehmen dürfen«. Die Bibel hat eine interessante Aussage dazu im Alten Testament, Sprüche 27,17: »Eisen schärft Eisen, ebenso schärft ein Mensch einen anderen.«

Wichtig: Beim gegenseitigen »Beschlagen« muss man immer mal wieder Pausen machen und nicht zu hart kritisieren. Und bedenken: Es geht nicht darum, den anderen in mein Bild von ihm zu verwandeln, sondern darum, Gottes Bild Wirklichkeit werden zu lassen.

Bei allem gegenseitigen »Schleifen« und auch, wenn die Ruinen der Vergangenheit abgetragen sind, ist es wichtig, sich bewusst zu machen, dass der andere sich nicht komplett ändern wird. Er ist ein anderer Mensch als ich und wird es immer bleiben. Es gilt, den Partner in seiner Andersartigkeit anzunehmen. Mit den Stärken und den Schwächen. Ich darf und kann den anderen nicht komplett verbiegen, er ist und bleibt ein eigenständiger Mensch mit seiner ganz eigenen Persönlichkeit. Die Balance, dem anderen einerseits zu helfen, sich weiterzuentwickeln und zu verändern, ihn andererseits aber auch stehen zu lassen, ist eine hohe Kunst.

Gott hat nicht gesagt, wir sollen unseren Partner verstehen, sondern wir sollen ihn lieben.

»ICH BRING MICH SELBST MIT!«

Wir alle sind im Wesentlichen geprägt von den Erfahrungen unserer ersten sechs bis acht Lebensjahre. Unser Leben ist beeinflusst von den Menschen, die uns in dieser Zeit maßgeblich begleitet haben. Das sind in der Regel unsere Eltern und Geschwister. Diese Zeit hat Auswirkungen bis auf unser Leben als Erwachsene. Die Art, wie wir als Kinder auf unsere Umgebung reagiert haben, und auch, wie die Menschen um uns herum auf uns reagiert haben,

hängt mit unserem eigenen Temperament zusammen.
So haben sich bestimmte Verhaltensmuster eingeschliffen, bestimmte Strukturen haben sich verfestigt und unsere Charaktereigenschaften haben sich mehr und mehr herausgebildet. Diese Mischung aus Gewohnheiten und Charaktereigenschaften macht unsere Persönlichkeit aus.

> Je besser wir uns selbst, also unsere Persönlichkeit, kennen, umso besser können wir mit ihr umgehen. Denn für unser Verhalten, unsere Reaktionen auf das, was uns begegnet, sind wir selbst verantwortlich. Im Erwachsenenalter können wir nicht mehr sagen: »Da ist meine Mutter schuld, oder das hat mein Vater auch so gemacht.« Wir sind selbst für uns verantwortlich, dürfen Dinge übernehmen, müssen aber auch Verhaltensmuster ändern.

HANNA BACKHAUS

Vielleicht fragen sich manche: Warum ecke ich in meinen Beziehungen immer an derselben Stelle an? Oder warum kommen mir in Stresssituationen immer dieselben Gedanken? Beispiele für solche Gedanken, die uns immer wieder beeinflussen, sind: »Ich bin ja nur das fünfte Rad am Wagen.« – »Letztlich bin ich nur ein Anhängsel.« –

»Wie und was kann ich verändern, um besser mit meinem Leben zurechtzukommen?«

Beim Erkennen unserer eigenen Verhaltenshintergründe war das Buch von Fritz Riemann »Grundformen der Angst«[1] eine große Hilfe. Auch Reinhold Ruthe greift dieses Thema in seinem Buch »Typen und Temperamente«[2] auf. Beide stellen vier verschiedene Persönlichkeitstypen vor, die wir auch unseren Lesern gern nahebringen möchten. Bestimmt entdecken Sie die eine oder andere Spur bei sich selbst, die helfen kann, sich selbst besser zu verstehen.

Niemand ist nur einer dieser Typen, meistens haben wir Anteile von mehreren Typen. Häufig ist jedoch ein Schwerpunkt im Charakter zu erkennen. Jeder Mensch ist ganz individuell zusammengestellt, Erfahrungen können überdecken, was eigentlich an Wesen grundlegend ist – es ist ein spannender Weg, der eigenen Persönlichkeit und der des Partners auf die Spur zu kommen.

1. Der sachliche Typ (schizoide)

Er ist der nach außen kühl wirkende, distanzierte Mensch. Er muss nicht ständig mit anderen zusammenhocken, sondern braucht Abstand und Raum für sich selbst. Er denkt, arbeitet und lebt stark in einer eigenen Welt und ist ein Individualist. Gern setzt er sich von der Masse ab, bis hin zur Eigenbrötelei. Was andere dabei von ihm denken, ist ihm ziemlich egal.

Im Team zu arbeiten ist ausgesprochen anstrengend für diesen Menschen. Er verlässt sich lieber auf Fakten und Tatsachen, die er selbst bestimmt. Probleme analysiert er zuerst und beginnt dann, sie zu lösen. Im Theater oder Kino bevorzugt er die Plätze am Rand, damit er das Weite suchen kann, wenn es ihm zu blöd wird.

Dieser Mensch braucht Freiheit für sich selbst, weil er befürchtet, von anderen vereinnahmt oder durch ihre Nähe kontrolliert zu werden.

Zwei Männer im Gefängnis unterhalten sich. »Bist du eigentlich verheiratet?« »Ich bin doch nicht blöd und gebe meine Freiheit auf!«

Ich habe einen großen Anteil dieses Typen in mir. Als ich Kind war, wusste meine Mutter nicht, dass ich ADS hatte. Stattdessen dachte sie, ich wäre einfach nur unerzogen und frech. Darum hat sie immer versucht, mich zu erziehen, indem sie mich zu allem Möglichen zwang und mich damit einengte.

Als ich heiratete, dachte ich: »Endlich frei!« Hannas Gefühle gingen in eine ganz andere Richtung. Sie war mit sieben Geschwistern aufgewachsen und hatte alles mit ihnen teilen müssen. Als wir heirateten,

dachte sie: »Endlich einer ganz für mich allein!«
Damit engte sie mich dann ein und unsere Konflikte
waren vorprogrammiert. Sie ist auch eher eine
warmherzige Persönlichkeit (s. u.). Darum hat es
bei uns Jahrzehnte gedauert, bis wir erkannten, dass
wir komplett unterschiedliche Bedürfnisse und
Wünsche haben, und bis wir lernten, diese unter
einen Hut zu kriegen.

ARNO BACKHAUS

Ein Partner oder ein Freund, der aus Liebe klammert,
macht dem sachlichen Typen Angst, treibt ihn in die
Flucht. Appellieren andere an seine Gefühle, reagiert er
schroff und misstrauisch. Er kann dann sarkastisch und
zynisch werden, nicht weil er keine Gefühle hat, sondern
weil er nie gelernt hat, mit ihnen umzugehen oder über
sie zu sprechen.

Im Grunde seines Herzens ist er ein sensibler, diffe-
renzierter Mensch, dem alles Banale und Flache zuwider
ist. Oft sind diese Persönlichkeitstypen zu hohen Leistungen fähig, weshalb sie, mehr als andere Typen, in Politik,
Management und Forschung anzutreffen sind.

Entstanden sind diese Persönlichkeitsmerkmale, weil
dieser Mensch in wichtigen Entwicklungsphasen sich
selbst überlassen wurde. Er hat zu wenig zärtliche Zuwen-

dung erfahren und war zu oft allein. Häufig haben Menschen mit dieser Persönlichkeit eher gefühlskalte Eltern. Deren eigene Gefühle wurden weggeschlossen und als hinderlich angesehen.

2. Die warmherzige Persönlichkeit (depressive)

Der warmherzige Mensch ist abhängig von Menschen. Er braucht andere wie die Luft zum Atmen, sucht nach Nähe, Wärme und Aufmerksamkeit. Im vertrauten Gespräch fühlt er Geborgenheit. Immer wieder braucht dieser Persönlichkeitstyp die Bestätigung und die Aufmunterung anderer. Er kann nur an sich selbst glauben, wenn andere an ihn glauben.

In der Kindheit hat er mehr ein Wir-Gefühl als ein Ich-Bewusstsein entwickelt. Daraus folgt, dass er oft nicht nach den eigenen Wünschen und Impulsen lebt. Diese nimmt er meistens gar nicht wahr. Im Gegenteil. Er richtet sich nach den Erwartungen seiner Umwelt und berücksichtigt die Wünsche, die an ihn herangetragen werden, stärker.

Der warmherzige Mensch hat hohe Ideale, so hoch, dass er selbst nicht drankommt. Daraus entstehen Schuldgefühle und Empfindungen des Nicht-bestehen-Könnens und des Ungenügens. Er meint, zu versagen.

Gleichzeitig fürchtet er sich davor, im Stich gelassen und nicht beachtet zu werden. Aus der Befürchtung, nicht geliebt zu werden, ist dieser Typ oft nachgiebig und entscheidungsschwach. Er möchte niemanden verletzen. Daher liest er den Menschen in seiner Umgebung die Wünsche von den Augen ab.

Die warmherzige Person vergisst oft die eigenen Bedürfnisse. Hauptsache, alle anderen in der Familie sind glücklich. Aber Vorsicht: Der Druck im Kessel wird irgendwann so groß, dass er explodiert. Dann wird alles zu viel.

Eine Gemeinschaft ohne diese warmherzigen Typen wäre nicht auszudenken. Sie sorgen dafür, dass andere sich angenommen wissen und Geborgenheit empfinden.

Das Lob anderer spornt diese Menschen zu noch höherem Einsatz an. Wird ihnen allerdings Anerkennung versagt, ziehen sie sich leicht in Selbstmitleid zurück.

Durch die tief in ihnen verwurzelte Angst, nicht wertvoll zu sein, werden sie leicht zum Spielball ihrer Umgebung. Und doch ist diese Person diejenige, die warmherzig und einfühlsam auf andere zugehen kann.

Die Kindheit des Warmherzigen war geprägt von einer engen, symbiotischen Mutter-Kind-Beziehung. Die Mutter klammerte sich an das Kind, damit verwöhnte und überforderte sie es gleichzeitig, die Rollen werden vertauscht und das Kind übernimmt die Partnerrolle.

Eine eigenartige Abhängigkeit von anderen Menschen hat hierin ihre Wurzeln. Oft mussten diese Menschen zu früh zu große Verantwortung tragen.

> Ich hatte fünf jüngere Geschwister und habe für sie die Rolle der Vizemutter übernommen, zudem hatte ich oft das Empfinden, auch für meinen Vater sorgen zu müssen, weil er ein liebevoller Mensch war, zu lieb für den Kampf des Lebens. So habe ich versucht, ihn vor der »bösen Welt« zu schützen.

HANNA BACKHAUS

3. Die korrekte Persönlichkeit (zwanghafte)

Dieser Typ ist absolut ordentlich und korrekt. Das kann man meistens schon am Outfit erkennen. Was er anfängt, das führt er auch pflichtbewusst zu Ende. Der Lebensgrundsatz lautet: Entweder ganz oder gar nicht.

Er übernimmt gern Verantwortung und ist darin treu und gewissenhaft. Verschwendung ist ihm ein Gräuel.

Ideal ist er als Kassierer bzw. im Controlling, aber es besteht dann die Gefahr, dass er das Geld nicht rausrückt. Wenn unvorhergesehene Dinge kommen, wird der korrekte Typ leicht kopflos und ungehalten.

Zu viel Toleranz und Freiheit mag er nicht. Lieber hält er sich an die Dinge, die sich seit Jahrhunderten bewährt haben. Rituale und Strukturen geben ihm Sicherheit.

Als Staatsbürger und Berufstätiger ist er ein Ausbund an Pflichtbewusstsein und Exaktheit. Gern sorgt er vor für schlechte Zeiten, ist ausdauernd und konsequent.

Wenn die eigenen Kinder zu Teenies werden und eigene Wege gehen, können solche Eltern leicht in Panik geraten, weil sie meinen, die Kinder geraten außer Kontrolle. Da kann es passieren, dass diese Typen einengend und überbehütend eingreifen. Sie wollen gerne die Kontrolle behalten.

Für sie ist unsere hektische Welt, in der nichts mehr vor Veränderung sicher ist, Dauerstress. Aber auf sie ist hundertprozentiger Verlass und sie sind treu wie Gold. Die Korrekten sind die Säulen im Fluss der Zeit und bewahren uns vor Unverbindlichkeit.

In der Kindheit erlebten diese Menschen meist eine sehr kleinliche Erziehung. Sie wurden sehr früh ängstlich, engstirnig und mit entschiedener Härte erzogen. Sie wuchsen mit Ordnungen auf, die unbedingt eingehalten werden mussten. Meist waren die Eltern stark kontrollierend, und weil ein Kind seinen Eltern gefallen und von ihnen geliebt werden möchte, versucht es ihren Ansprüchen gerecht zu werden.

4. Die unkonventionelle Persönlichkeit (hysterische)

Sie ist das absolute Gegenteil zur korrekten Persönlichkeit. Diese Menschen lieben die Freiheit und das Risiko. Sie sind kreativ und spontan, überaus großzügig und lassen sich gerne auf Abenteuer ein. Alles Neue, Künstlerische und Ungewöhnliche spricht sie besonders an.

Diese Persönlichkeit lebt total im Heute, ist schnell entschlossen, schnell zu begeistern, lebensbejahend und furchtlos.

Häufig leben diese Menschen mit der Lebenslüge: Ich kann alles. Sie versprühen Humor, denn sie nehmen das Leben nicht so schwer.

Angst bekommt dieser Persönlichkeitstyp, wenn andere ihn einengen wollen. Wenn jemand daherkommt und ihm vorschreiben will, wie er zu leben hat. Gegen Zwänge wehrt er sich oder geht einfach über sie hinweg. Was die Leute sagen, ist ihm egal.

Er ist ein Draufgänger in jeder Beziehung und wehrt sich gegen Fesseln und Verbote, denn er muss sein schöpferisches Potenzial entfalten. Auch das Thema Verbindlichkeit ist für ihn unwichtig. Versprechen kann man halten, muss man aber nicht. Pünktlichkeit handhabt er großzügig.

Der Wahlspruch könnte sein: Was du heute kannst besorgen, das klappt bestimmt auch noch morgen.

Der Unkonventionelle hat auf jeden Fall sein Ohr am Puls der Zeit. Er weiß bzw. spürt, wo man sein muss, um etwas zu erleben.

Er gewinnt andere durch Charme, fällt aber selbst leicht auf den Charme anderer herein. Seine Gutgläubigkeit bringt ihn oft in Schwierigkeiten.

Diese Menschen sind imstande, einem eine Melkmaschine zu verkaufen und dafür die letzte Kuh in Zahlung zu nehmen. Ihr Charme ist einfach überzeugend.

Mit einem unkonventionellen Typen zusammenzu-leben ist unterhaltsam und aufregend. Langeweile kommt in seiner Umgebung nicht so leicht auf. Er ist ein guter Alleinunterhalter und lebt eher aus dem Bauch als aus dem Verstand. Deshalb haben diese Menschen auch oft Schulden.

In der Kindheit hatte dieser Typ häufig Probleme, sich einem seiner Elternteile zuzuordnen. Die Eltern waren verstrickt in eine schwierige Beziehung, das Kind fühlte sich zwischen den Fronten. Bis ins Erwachsenenalter hat dieser Typ Schwierigkeiten, seine eigene Rolle zu finden. Wenn Kinder überwiegend auf ihr Äußeres angesprochen werden und darüber Aufmerksamkeit bekommen, stehen sie im späteren Leben in der Gefahr, sich ausschließlich mit Charme durchs Leben zu mogeln.

> Jeder von uns hat sich im Verlauf seines Lebens ein Grundmuster zugelegt, das aus mehr oder weniger starken Anteilen dieser vier Persönlichkeitsstrukturen zusammengesetzt ist. Ich habe zum Beispiel viele Anteile vom unkonventionellen und vom sachlichen Typen. Hanna dagegen ist überwiegend warmherzig ...

> Wir müssen mit dem leben, was unsere Vergangen-heit uns mitgegeben hat. Aber wir sind nicht hilflos unseren manchmal nervenden, verschrobenen oder

verletzenden Verhaltensweisen ausgesetzt. Das Verständnis für die eigene und die Persönlichkeit des Partners ist ein erster Schritt zur Veränderung. Wenn ich weiß, warum mich manches auf die Palme bringt, was meinem Partner wichtig ist, kann ich lernen, anders zu reagieren. Jede Charakterstruktur hat ihre guten Seiten, hier darf es keine Wertung geben. Miteinander können wir lernen, ein gutes Team zu werden. Wir müssen oft Kompromisse eingehen, in welchen Bereichen wir uns korrekt oder unkonventionell entscheiden.

ARNO BACKHAUS

Wo haben Sie sich selbst entdeckt? Was erleben Sie positiv? Wie nehmen Sie Ihren Partner wahr und wo gibt es Spannungen aufgrund dieser unterschiedlichen Prägung, dieser unterschiedlichen Persönlichkeitstypen?

- **Welcher der vier Grundtypen sind Sie?**
  Sie können Anteile an allen haben, aber in
  welchem finden Sie sich am meisten wieder?
- **Welcher Grundtyp ist Ihr Partner?**
- **Gibt es bei Ihnen deshalb Probleme, die sich**
  Ihnen jetzt erklären? Wie möchten Sie in
  Zukunft damit umgehen?

»MANN –
DU BIST
ANDERS« –

»FRAU –
DU AUCH«

Wir möchten einige Punkte betrachten, wo Mann und Frau ihre Unterschiedlichkeit haben und diese gegenseitig entdecken können, wenn Sie es nicht schon längst selbst schmerzlich erfahren haben.

Was, denken Sie, ist tendenziell eher männlich, was weiblich?

? ?
? **kreativ – kommunikativ – Fußball – Beziehungen – sachorientiert – Technik – orientierungsschwach – einkaufen – kraftvoll – lesen – Schuhe – sprachbegabt – zielstrebig – Werkstatt – Schokolade – fürsorglich – hübsch – einfühlsam – zielstrebig – leiden – schweigen – Telefon – reflektiert – reparieren – Spiegel**

Die nachfolgenden Ausführungen zeigen natürlich immer nur einen Ausschnitt und eine Tendenz auf. Selbstverständlich gibt es Ausnahmen. Aber Ausnahmen bestätigen immer die Regel. Manchmal entsteht der Eindruck, dass die Medien die Ausnahmen hochpushen, sodass scheinbar die Ausnahmen nicht Ausnahmen, sondern Mainstream sind. Davon sollten wir uns aber nicht zu stark irritieren lassen. Das Fernsehen und andere Medien setzen uns hier oft eine verzerrte Wirklichkeit vor, gerade wenn es um das Thema »typisch Mann« oder »typisch Frau« geht.

Frauen bekommen eine Erkältung. Bei Männern kündigt sich mit einem Schnupfen meistens der Weltuntergang an.

Beziehungs- und Sachorientierung

Männer reagieren eher sachorientiert, weniger personenorientiert. Sie sind eher auf den Umgang mit Dingen fixiert (Kameras, Handys, Computer, Motorräder usw.) und nehmen oft erst in zweiter Linie auch Menschen hinter bestimmten Problemen oder deren Lösung wahr. Etwas vereinfacht ausgedrückt könnte man sagen: Während Männer bei Problemen eher Lösungen suchen und anbieten, wollen Frauen bei Problemen eher verstanden werden.

Stellen Sie sich folgende Situation vor: Die Kids machen im Wohnzimmer Hausaufgaben und meine Frau saugt. Sie hat Stress, weil wir abends noch Gäste erwarten, das Essen kocht schon in der Küche vor sich hin. Plötzlich klingelt es an der Tür und der Ölmann kommt mit seiner Lieferung. Passenderweise meldet sich nun auch noch das Telefon.

Genau jetzt komme ich kurz aus meinem Büro (das im Haus ist), um meine Frau etwas Dringendes zu fragen. Da schlägt mir diese hektische Atmosphäre entgegen. Im Büro sitzen Kunden und ich kann nicht

mit anfassen und meiner Frau helfen. Was mache ich also? Ich gebe ihr spontan ein paar Tipps, wie sie das Chaos am besten organisieren kann. Ihre Reaktion: »Auf deine Ratschläge kann ich verzichten!« Dabei war mein Ansatz liebevoll gemeint, um ihr zu helfen, eine Lösung zu finden. Was wäre besser gewesen? Trost und Ermutigung. Ein einfacher Satz wie: »Ich bewundere dich, wie du das alles hinkriegst!« – der hätte viel mehr geholfen. Manchmal ist helfen einfacher, als wir Männer denken. Vorausgesetzt, wir sind keine Machos und haben nur Sprüche auf Lager. Liebe Frauen, versteht nicht jeden Lösungsvorschlag oder Tipp als Kritik an eurem Arbeitsstil!

Eine andere Situation mit einer auch wieder typisch männlichen Herangehensweise: Eine Frau fragt mich nach einem Eheseminar: »Soll der Mann eigentlich älter sein beim Heiraten?« Was mache ich? Ich zähle ihr alle Vor- und Nachteile auf. Als ich das meiner Frau später erzähle, fragt sie mich: »Hast du die Frau eigentlich gefragt, in welcher Situation sie sich befindet und warum sie die Frage stellt?« – »Mist«, denke ich, »jetzt bin ich wieder auf mich selbst reingefallen.« Ich habe die Frage unabhängig von der Frau ganz sachlich beantwortet. Meine Frau hätte die Person hinter der Frage mit einbezogen.

ARNO BACKHAUS

Kennen Sie ähnliche Situationen? Sind Sie eher sach- oder personenorientiert? Wie nehmen Sie Ihren Partner wahr?

———————————————————————————

———————————————————————————

Sowohl die personenoriertierte als auch die sach- oder lösungsorientierte Herangehensweise an Situationen haben Stärken und Grenzen. Beispielsweise sind Frauen auch im Negativen beziehungsorientierter und beziehen sachliche Kritik schnell auf sich. Hier können Männer den Frauen helfen, Kritik nicht immer auf sich persönlich zu beziehen oder sich als Person angegriffen zu fühlen, wenn man ihr Handeln kritisiert. Häufig möchte der Mann nur eine bestimmte Verhaltensweise oder einen speziellen Sachverhalt kritisieren, hinterfragt aber keinesfalls die gesamte Person.

Andersherum wollen viele Frauen ihre Männer ständig erziehen, was bei den Männern den Eindruck hervorruft, ihre Frauen respektieren sie nicht genug.

Frauen können den Männern allerdings helfen, nicht zu hart zu kritisieren. Bei aller Kritik muss die Person hinter einer Verhaltensweise oder einem Problem wahrgenommen werden und nicht nur die Sache. Das ist ein Punkt, an dem es in Beziehungen oft kracht: Die Frage, ob das Problem im Zentrum steht oder der Mensch?

»UND WIE KLAPPT DAS JETZT MIT UNS BEIDEN?«

Es ist spätestens jetzt klar: Jeder von uns bringt seine Persönlichkeit mit hinein in eine Beziehung und dazu noch die Unterschiede als Mann und Frau. Es ist total normal, dass Spannung entsteht, genauso wie zwischen Plus- und Minuspol immer elektrische Spannung entsteht.

$$+ \quad \frac{/}{/} \quad -$$

Im Folgenden geht es ganz praktisch darum, was wir beachten müssen, um konstruktiv in einer Beziehung leben zu können. Denn um offen und ehrlich miteinander zu sein und immer mehr vom Ich zum Wir zu kommen, braucht man Ausdauer und Mut, um auch nach Rückschlägen wieder neu anzufangen.

Eine lebendige Beziehung ist einem ständigen Wachstumsprozess unterworfen in dem Maß, wie sich die beiden Personen, die die Beziehung führen, immer weiterentwickeln. Es entstehen automatisch Konflikte. Im Laufe einer Beziehung muss man sich nach persönlichen Veränderungen immer wieder neu sortieren. Diese Veränderungen können offensichtlich sein (Jobwechsel, Geburt eines Kindes, Umzug, neue Lebensphasen usw.), aber es gibt auch innere Veränderungen, die von außen nicht wahrgenommen werden können. Da gilt es, flexibel zu sein und Ausdauer zu haben. Ohne Arbeit – in Form von Gesprächen – funktioniert keine Beziehung. Aber auch gemeinsame Interessen und Erlebnisse sind unverzichtbar!

Wir können nur weitergeben, was wir als hilfreich erlebt haben, die Arbeit selbst können wir Ihnen nicht abnehmen. Aber wir möchten Sie gern ermutigen, alles daranzusetzen, eine tragende Ehegemeinschaft zu begünstigen.

HANNA & ARNO BACKHAUS

Tun Sie sich etwas Gutes und lassen Sie nicht locker. Spüren Sie Barrieren in Ihrer Beziehung auf, die ein glückliches Miteinander nicht zulassen, und arbeiten Sie daran. Wenn Sie nicht allein klarkommen, suchen Sie nach Menschen, Mentoren, Seelsorgern, Therapeuten, die Ihnen behilflich sein können. Es gibt viele Organisationen, die Seminare anbieten (z.B. BIDE, Team.F usw. Adressen siehe Anhang).

Die Unterschiedlichkeiten von Mann und Frau und der beiden Persönlichkeiten können einen schon ganz schön fertigmachen. Oder auch so entmutigen, dass man aus dem Auge verliert, was man (und frau) damals vor dem Traualtar, bei der Hochzeit, versprochen hat: »Ich will dich lieben und ehren, in guten wie in bösen Tagen!« Oder anders gesagt: »Liebe deinen Nächsten wie dich selbst!« (Markus 12,31).

Das klingt manchem vielleicht fremd oder wie leere Worte, wer aber daran glaubt und festhält, wird nicht leichtfertig seine Ehe aufs Spiel setzen! Wer dieses Gewicht des Glaubens auf den Boden seines Eheschiffs gelegt hat, wird auch im Sturm nicht gleich kieloben im Wasser treiben.

> Uns hat immer wieder die Herausforderung dieser Aussage auf die Spur gebracht: Liebe ich den oder die Angetraute, den, der mir am nächsten steht, wie mich selbst? Liebe heißt nicht, den anderen als Garten zu betrachten, wo wir lediglich die Früchte abernten und genießen, sondern eher als guten Boden, der zu beackern ist. Ihre Liebe wird Früchte tragen, wenn Sie mit Liebe säen, pflanzen, hacken, jäten, gießen und warten. Wie ein guter Gärtner.
>
> **HANNA BACKHAUS**

Sind Sie bereit, Gefühle, Gedanken, Zeit und Fantasie in die Liebe zu Ihrem Partner zu investieren? Nur wer dem anderen das tut, was er selbst erwartet, der wird dem anderen gerecht. Machen Sie sich bewusst: Bequemlichkeit und Egoismus haben zum Schluss ebenso ihren Preis wie das Mühen um eine gute Ehe und Partnerschaft.

Dieses Investieren heißt, dass ich mich in vielen Bereichen auf den anderen einstelle und mit ihm anders umgehe. Die folgenden Bereiche und Punkte bilden gemeinsam genommen die Basis für eine Beziehung. Die Reihenfolge der Aufzählung und die Länge der Ausführung zeigt keine Wertigkeit. Alles muss vorkommen und zusammenspielen, nichts lässt sich voneinander trennen.

OFFENHEIT

Was bedeutet offen sein in einer Beziehung? Wir erkennen das am besten, wenn wir uns das Gegenteil vor Augen führen: verschlossen sein. Nichts mehr erwarten. »Sag nichts, ich weiß schon, wie du tickst.« Spüren Sie die Mauern, gegen die man in einer solchen Beziehung rennt? Beulen am Kopf und an der Seele sind die Folge. Offenheit in einer Beziehung ist ein Wagnis.

Warum verschließen wir uns denn? Jeder macht das ein bisschen anders: sich zurückziehen, nicht alles erzählen können und wollen, nicht mehr nachfragen usw. Der Grund ist, dass wir Angst haben, verletzt zu werden oder nicht mehr geliebt zu werden.

Wir meinen, uns schützen zu müssen, und das tun wir, indem wir nicht alles rauslassen, etwas Falsches vorspielen oder gar nichts mehr sagen. Aber genau das Gegenteil ist der Fall. Dadurch, dass wir unehrlich sind oder einiges verstecken, verändern wir nicht nur das Klima in der Beziehung, sondern wir sind plötzlich eine ganz andere Person. Nicht wir selbst.

Wenn Offenheit in einer Beziehung fehlt, ist der sichere Tod der Beziehung vorprogrammiert. Man lebt so nebeneinander her und hat gar keine Beziehung mehr.

Wenn wir es jedoch wagen, offen zu sein, ist das ein wirklich tragfähiges Fundament für eine Beziehung. Offenheit hat zur Folge, dass ich meine Schwächen zeige und zugebe. Damit mache ich mich verletzlich. Ich werde immer wieder verletzt werden und ich werde auch immer wieder andere verletzen. Übrigens ist es positiv ansteckend, wenn einer beginnt, offen auch mit seinen Schwachpunkten umzugehen. Der andere muss dann nicht mehr unbedingt etwas vorspielen.

Schwäche zuzugeben verbindet zwei Menschen in der Regel mehr, als sich stark zu geben.

Eine Frau kommt in die Küche und sagt zu ihrem Mann: »Ich war beim Frisör.« Der Mann: »Den Prozess gewinnen wir!«

LIEBE UND WERTSCHÄTZUNG

Liebe ist ein viel benutztes Wort. So benutzt, dass es oft abgenutzt wirkt. Das Wort kann die verschiedensten Bedeutungen tragen. Dabei reicht die Bandbreite vom biblischen Liebesbegriff, der die unergründlich tiefe Liebe Gottes meint, bis zur seichten Liebe eines Paares im Groschenroman. Liebe im landläufigen Sinn geht von Gefühlen der Verliebtheit aus, der Anziehung zwischen zwei Personen.

Der Liebesbegriff, den wir unseren Empfehlungen zugrunde legen wollen, ist der des Neuen Testaments: Agape. Dieser Begriff stammt aus dem Griechischen. Agape ist Liebe, die ich gestalte! Sie ist willentlich gestaltete Hingabe an den anderen. Sie kommt nicht aus dem Bauch, sondern aus meinem Kopf und dem Herzen, meiner Willenszentrale. Jesus sagte einmal zu seinen Freunden: »Ich gebiete euch, einander genauso zu lieben, wie ich euch liebe« (Johannes 15,12). Gefühle kann man nicht gebieten, höchstens beeinflussen. Gefühle kommen, ohne dass ich es wollte, und gehen, wenn ich sie nicht pflege.

Agape ist die Liebe, zu der ich mich entscheiden muss. Sie ist die Entscheidung zu einem Lebensstil der gegenseitigen Bereicherung und Ergänzung. Diese Entscheidung, den Nächsten zu lieben, ihm Gutes zu tun, mit ihm gemeinsam die Beziehung zu gestalten, zieht entsprechende Gefühle nach sich. Also nicht die Gefühle ziehen den Willen nach sich, sondern der Wille die Gefühle.

Stellen Sie sich einen Schlepper vor, der einen Ozeanriesen in den Hafen zieht. Der Schlepper mit dem Lotsen darauf kennt die Gefahren und die

Fahrrinne. Er bringt den Ozeanriesen »Gefühle« sicher in den Hafen. Lange, treue, glückliche, bis ins Alter erotische Ehen funktionieren nach diesem Modell. In willentlich gestalteter Liebe tragen nicht die Gefühle die Liebe, sondern die Liebe trägt die Gefühle. Die Grundregel der Agape-Liebe ist: Sagen Sie in Ihrer Ehe, was Sie sich wünschen, aber geben Sie dem anderen auch das, was er oder sie braucht. Ihr Partner ist an Ihrer Seite, um durch Sie bereichert und ergänzt zu werden.

HANNA BACKHAUS

Eine Frau fragt nach 25 Jahren Ehe ihren Mann: »Liebst du mich eigentlich noch?« Er: »Das habe ich dir doch schon vor 25 Jahren gesagt, wenn sich daran was ändert, sag ich's dir schon!«

Praktisch kann das manchmal ganz schön schwierig werden, auch wenn man denselben »Liebesbegriff« als Grundlage hat. Man möchte diese Liebe hören und spüren.
　Die meisten Männer sind zufrieden, wenn sie einmal im Monat den Satz »Ich liebe dich« hören. Ein Großteil

der Frauen möchte das am liebsten jeden Tag hören. Das Empfinden, eine besondere und kostbare Person für ihn zu sein, füllt manchen Mangel aus. Allerdings müssen die Worte auch mit den Taten übereinstimmen und nicht nur Floskeln sein. Jetzt brauchen die Männer unter unseren Lesern nicht in Panik zu verfallen – Ihre Frau will keinen perfekten Mann aus Ihnen machen, auch wenn das manchmal so scheint. Was sie braucht, ist Ihr Bemühen, Worte und Taten einigermaßen übereinstimmen zu lassen.

Wie erfahren Mann und Frau aber Wertschätzung? Natürlich auf unterschiedliche Weise. Viele Männer definieren sich vorwiegend durch ihre Arbeit, ihre Leistung und die damit verbundene gesellschaftliche Anerkennung. Vielleicht erinnern Sie sich an die Werbung: »Mein Haus, mein Konto, mein Swimmingpool« (und: ... meine Schulden!). Wann haben Sie als Frau Ihrem Mann das letzte Mal Achtung, Respekt und Wertschätzung für seinen Einsatz an seiner Arbeitsstelle ausgedrückt? Oder drücken Sie vorwiegend Ihren Frust darüber aus, dass er so viel Zeit im Büro verbringt? Wie wäre es, wenn Sie Ihren Mann, wenn er abgekämpft von der Arbeit kommt, an der Tür gemeinsam mit den Kindern mit einem ehrlichen Applaus begrüßen? Es tut dem Mann gut, wenn sein Einsatz bei der Arbeit wertgeschätzt und geachtet wird. Gleichzeitig bekommen die Kinder eine Lektion der Wetzschätzung mit: Weil Papa arbeiten geht, können wir uns viele Dinge kaufen oder in den Urlaub fahren. Übrigens wirkt sich eine wertschätzende Atmosphäre positiv auf die gesamte Familie aus.

Eine Frau definiert sich ebenso über ihre Leistung in der Arbeitswelt, aber zusätzlich durch die Anerkennung und Wertschätzung ihres Mannes, die sich auf sie als Person bezieht. Deshalb sind das Feedback, die Gemeinschaft und die Kommunikation für die Frau so wichtig. Bei der klassischen Rollenverteilung in der Familie haben viele Frauen das Bedürfnis, dass nicht alles als selbstverständlich hingenommen wird, was sie für die Familie tun: die Arbeit mit den Kindern, dem Haushalt und dem Garten. Viele Frauen haben den Eindruck, dass der Partner gar nicht bemerkt, dass das Haus sauber ist, die Wäsche gewaschen und die Kinder gut versorgt sind, wenn er nichts dazu sagt oder sich auch mal dafür bedankt. Frauen freuen sich über doppelte Wertschätzung: für sie als Person und für das, was sie leisten. Ihnen reicht der Erfolg, der nicht kommentiert und somit selbstverständlich wird, häufig nicht aus.

Der Mann kommt nach Hause, schmeißt die Zeitung auf den Tisch und macht sich auf der Toilette frisch. Ganz nebenbei fragt er seine Frau: »Was gibt's heute zu essen und wie geht's Benjamin?« – Sie, sehr männlich: »Schnitzel und Masern.«

Viele Männer ahnen nicht, welches Kraftpotenzial sie in ihrer Frau wecken, wenn sie ihre Arbeit an ihrer Arbeitsstelle oder mit den Kindern, im Haushalt und Garten sehen, wahrnehmen und wertschätzen.

Neben der Wertschätzung, die Frauen durch ihre Leistungen in Familie und Beruf erfahren, gibt es ein Phänomen, dass viele Männer nicht verstehen oder nur erahnen: Frauen erfahren Wertschätzung durch die bloße Anwesenheit des Partners. Für die meisten Männer ist es nicht besonders wichtig, dass ihre Frau in der Öffentlichkeit, beispielsweise auf Partys, in der Gemeinde usw., neben ihm sitzt. Für viele Frauen ist das aber sehr wichtig.

Als wir frisch verheiratet waren, sagte meine Frau manchmal auf einem Fest: »Wo willst du denn jetzt schon wieder hin, warum läufst du immer weg? Nun setz dich doch mal hin, bleib doch mal hier!« Logisch, dass ich das als Gängeln interpretiert habe: »Nun klammer doch nicht so!« Später habe ich verstanden, dass sie alles andere als klammern wollte, sondern dass bei ihr das Bedürfnis nach Nähe stärker ist als bei mir. Sie erfährt durch meine bloße Anwesenheit Wertschätzung und Sicherheit. Die Frau weiß dann, dass sie ihren Mann ganz für sich alleine hat, dass er zu ihr steht. Das gibt ihr die Gewissheit, etwas Besonderes zu sein, mitten unter all den anderen Menschen.

ARNO BACKHAUS

DIE PRIORITÄT DER BEZIEHUNG

Über das Thema »Priorität der Beziehung« haben wir bereits gesprochen (vgl. S. 55 ff). Dieses Thema ist aber so wichtig, dass wir es hier nochmals aufgreifen. Es gilt: Investieren Sie zuerst in Ihre Ehe. Wenn Sie sich entschieden haben, Ihren Partner mit der Agape-Liebe zu lieben, dann zeigen Sie ihm das durch Ihre Taten. Sie wissen ja, es gibt nichts Gutes, außer man tut es!

Die Frage ist, wofür wir Zeit, Geld und Mühe investieren. Hinterfragen Sie sich selbstkritisch: Welchen Platz nimmt Ihre Ehe ein und was vernachlässigen Sie eher? Ihr Partner weiß das genau – mit traumwandlerischer Sicherheit erfasst der andere, wo Sie Ihren Schwerpunkt gesetzt haben.

? DIESE FRAGEN SOLLTE JEDER FÜR SICH EINMAL DURCHGEHEN. EHRLICHKEIT IST DABEI PFLICHT!

Wie viel Zeit verbringen Sie mit Ihrer Arbeit oder an Ihrem Arbeitsplatz? (»Fremdgehen« muss man nicht zwingend mit einem Menschen, sondern kann es auch mit der Arbeit, dem Hobby usw.)

Pflegen Sie den Lack auf der Seele Ihrer Frau ebenso liebevoll wie den des neuen Autos?

Wie viele Probleme lösen Sie am Computer, während die in der Familie ungelöst bleiben? Wie wichtig ist Ihnen Ihre Freundin / Ihr Freund, wie viele Stunden verbringen Sie am Telefon oder im Internet?

Rangieren die Kinder immer an erster Stelle oder hat Ihr Mann auch mal den Vortritt?

Sind Sie zu Hause auch so wortgewaltig wie am Stammtisch und so engagiert wie auf der Tribüne bei Ihrem Lieblingsfußballverein?

Verzichten Sie auf die neue Folge Ihrer Lieblingsfernsehserie für einen Abend mit dem Partner?

Welchen Stellenwert hat die Ehe für Sie wirklich? Sind Sie bereit, der Pflege Ihrer Ehe höchste Priorität zu geben?

Notizen zu den Fragen:

_____

_____

_____

_____

_____

_____

_____

_____

_____

_____

_____

_____

_____

_____

Denken Sie einmal daran zurück, wie viel Zeit, Geld, Kraft und Kreativität Sie in die Organisation der Hochzeitsfeier investiert haben. Wenn Sie auch nur einen Bruchteil davon in die Ehe investieren würden, wäre das wahrscheinlich schon viel. Sie denken vielleicht: »Die haben gut reden! Was wissen die denn über meine Arbeit, über meinen anspruchsvollen Chef?« Aber denken Sie daran: Wenn die Ehe nicht mehr tragfähig ist, wer trägt Sie dann? Ihr Chef mit Sicherheit nicht.

Was haben Sie bisher konkret in Ihre Ehe investiert?

_____

_____

_____

_____

_____

_____

_____

_____

_____

ROMANTIK

Wie ein Mann sich einen romantischen Abend vorstellt? Fußballgucken bei Kerzenschein!

In Bezug auf Geborgenheit, Sicherheit und Vertrautheit spielt auch die Romantik eine wichtige und große Rolle. Liebe Männer, es ist gar nicht so schwierig, in den grauen

97

Alltag etwas Romantik einzubauen. Und bitte denken Sie bei Romantik nicht immer automatisch ans Bett. Das kann, muss aber nicht ein Element eines romantischen Abends sein. Kurze Anleitung für einen romantischen Augenblick: eine Kerze, eine Flasche Rotwein, eine CD mit leichter und ruhiger Musik, indirektes Licht, Gardinen auf Halbmast, Fernseher aus, Zeitung etwas zur Seite, ein halbwegs ordentliches Wohnzimmer, die Kinder werden für eine Zeit im Kinderzimmer »geparkt« – und nun können Sie Ihre Frau zu einem kleinen romantischen Event einladen.

Wir hatten lange Zeit ein romantisches Ritual fest in unserem Terminkalender stehen. Wichtig war, dass wir diese kleine Einheit auf 30 Minuten beschränkten (danach wird's für manche Männer anstrengend). Auch wenn das Bedürfnis der Frauen oft größer ist, gilt, dass besser der kleine Erfolg gesehen wird, als mehr zu fordern – sonst verlieren Männer oft die Motivation (nach dem Motto: »Ich kann's ihr ja doch nie recht machen!«). In den 30 Minuten haben wir uns Fragen vorgenommen, die wir vorher gesammelt hatten. Aber nicht Fragen abarbeiten war unser Ziel, sondern die Fragen haben uns geholfen, ins Gespräch zu kommen.

Dadurch entstehen Vertrauen und Vertrautheit; es sind erste Schritte der Achtung und Wertschätzung. Jetzt geht es nicht um Effektivität und messbare Ergebnisse, sondern um Beziehungszeit!

Hier ein paar Fragen:

- Was war im vergangenen Jahr unsere beste Zeit?
- Welche berühmte Persönlichkeit würdest du gerne mal kennenlernen?
- Wie empfandest du deine Schulzeit?
- Wenn ich zaubern könnte, würde ich jetzt ...
- Was ärgert dich an deinem Chef am meisten?
- Was würdest du am liebsten an einem freien Wochenende mit mir unternehmen?
- Drei Punkte, die ich an dir toll finde.
- Drei Punkte, die ich an mir toll finde.
- Drei Schwächen.
- Was ärgert mich an meinem/r Vater/Mutter?
- Was wäre, wenn wir auf einen Schlag 20 000 Euro gewinnen würden?
- Wer hat dich als Kind am meisten geliebt/geärgert?
- Welche Musik/Band habe ich früher am liebsten gehört?
- Was ist dein aktueller Lieblingswitz?

ARNO BACKHAUS

OASEN IM ALLTAG

Leben Verheiratete länger oder kommt ihnen das nur so vor?

Schaffen Sie sich nicht nur Zeiten der Romantik, sondern bauen Sie sich auch andere Oasen in Ihren Alltag ein. Oasen können feste Rituale werden, Rituale, bei denen wir wieder auftanken können. Und das können ganz unterschiedliche Dinge sein. Manches davon kann man gemeinsam als Paar unternehmen, aber es kann auch gut sein, dass der eine Partner andere Vorlieben als der andere hat. Dann sollte man dem anderen die Chance geben, auf seine Art zu entspannen und kräftemäßig, geistig und geistlich wieder in die Spur zu kommen. Auch das ist eine wichtige Grundlage für ein harmonisches Miteinander.

Hier eine kleine Auswahl:
- joggen, walken, kleine Spaziergänge, eine Radtour
- gemeinsam in die Sauna oder ins Kino gehen
- am Auto/Motorrad rumwerkeln
- ein gutes Buch lesen
- Klavier spielen
- gemeinsam einkaufen gehen, z. B. an einem Samstagmorgen (bei uns in Nordhessen heißt das »Frühshoppen«)
- ein Wochenende zu zweit (ohne Kinder) wegfahren
- »Tea-Time« am Nachmittag

Tragen Sie sich das, was Ihnen einzeln, und das, was Ihnen gemeinsam guttut, fest in den Kalender ein. Überlassen Sie es nicht dem Zufall, wann sich eine Lücke ergibt und Sie eine Oase aufsuchen. Wie wichtig solche Oasen sind, das ahnen Sie längst. Die Frage ist nur, ob wir auch nach Zeiten der Nachlässigkeit wieder neu damit beginnen, Oasen einzuplanen. Solche Rituale stabilisieren das Miteinander in der Partnerschaft.

Ein weiterer wichtiger Tipp: Ich nehme nichts von meiner Arbeit mit in den Privatbereich. Wir wohnen in einem alten großen Fachwerkhaus und zehn Meter über dem Hof liegt mein Büro. Ich lasse es nicht zu, dass in unserem Privatbereich Leute anrufen, Termine machen wollen, Sachen bestellen. Wir müssen sehr diszipliniert sein mit unserer freien Zeit.

Ich habe mal nachgeprüft: In der Regel haben meine Frau und ich fast doppelt so viele Abende, die durch Termine außerhalb oder durch unsere Gemeinde belegt sind, wie freie Abende. Da ist es mehr als logisch, dass man sehr diszipliniert sein muss, wenn man menschlich, geistlich und »ehemäßig« – und auch rein kräftemäßig – überleben will.

ARNO BACKHAUS

101

KOMMUNIKATION

Ein Mann – ein Wort.
Eine Frau – ein Wörterbuch?!

Dieser einfache Witz zeigt ein Klischee auf, an dem aber häufig viel dran ist: Frauen wollen ihre Beziehung pflegen, indem sie darüber mit ihren Männern reden. Männer wollen ihre Beziehung pflegen, indem sie darüber nicht mit ihren Frauen reden. Ganz klar, dass eine Frau das Nicht-reden-Wollen ihres Mannes als Desinteresse wertet. »Du hast weder Interesse an mir noch an unserer Ehe!«, sagt sie. Aber Männer meinen ihr Schweigen eher als ein Nicht-gefährden-Wollen ihrer Ehe. Ein Mann denkt: »Wenn ich ihr jetzt widerspreche, gibt es Streit, und Streit ist gefährlich für die Ehe und außerdem für beide anstrengend.« Die Frau deutet das Verhalten ihres Mannes als destruktiv und desinteressiert, obwohl es aus seiner Sicht konstruktiv ist. Männer empfinden das Immer-reden-Wollen oder -Müssen ihrer Frau oft als Infragestellung der Beziehung: »Immer musst du alles zerreden!« Es liegt auf der Hand, dass diese unterschiedlichen Empfindungen das eheliche Miteinander kompliziert machen, gerade wenn man ein Leben lang aneinander vorbei kommuniziert.
Zwei einfache Tipps:

Ein Tipp für Sie als Mann:
Legen Sie ein Sparkonto im Herzen Ihrer Frau an, indem
Sie Interesse zeigen an dem, was Sie zurzeit beschäftigt.
Das bringt mehr als Zinsen, das zahlt sich aus in einer gu-
ten Atmosphäre. Vergessen Sie nicht, dass Kommunikation
für Ihre Frau wichtig ist und unerlässlich für die Nähe in
Ihrer Ehe. Achten Sie darauf, dass dafür Zeit und Raum ist.
Frauen haben beim Reden die besten Ideen.

Ein Tipp für Sie als Frau:
Wenn Sie reden, bleiben Sie bei dem, was Sie mitteilen
wollen, und sprechen Sie von Ihren Eindrücken. Beschul-
digen Sie Ihren Mann nicht pauschal (»Nie hörst du mir
zu!«) und meckern Sie nicht an ihm herum. Vermitteln Sie
ihm nicht, was für eine Pfeife er in Ihren Augen ist oder
was er an nicht erledigten Dingen zu Hause liegen hat. Er
wird sich sonst zurückziehen und sein Vorurteil bestätigt
sehen, dass Reden die Beziehung gefährdet. Nutzen Sie
stattdessen Ihr Potenzial, Nähe und Wärme durch Ihre
Gespräche zu fördern. Wählen sie günstige Momente zum
Reden, nicht während er die Tageszeitung liest oder die
Nachrichten sehen will.

»Schatz, ich bin sprachlos!« –
»Bitte bleib es!«

Die Kommunikation ist das Wichtigste im Miteinander zweier Menschen. Nicht nur die Kommunikation über die Beziehung, sondern auch die ganz normale Alltagskommunikation. Wenn es hier schiefläuft, betrifft das alle Bereiche des Zusammenlebens. Unsere unterschiedliche Art zu reden und zu kommunizieren enthält viel Konfliktpotenzial. Kennen sie das?

Je länger manche Paare verheiratet sind, desto weniger sprechen sie miteinander. Männer neigen häufig dazu, sich nach einem anstrengenden Tag in sich selbst zurückzuziehen. Da finden sie wieder zu sich, können entspannen und neu auftanken. Es gibt Zeiten, da wollen sie nicht viel reden, sondern vor sich hinwursteln, einfach nur abschalten und ihre Ruhe haben.

Männer und Frauen haben in bestimmten Situationen grundsätzlich gegenläufige Bedürfnisse: Wenn ein Mann abends abgespannt von der Arbeit kommt, kann es ihm eine große Hilfe sein, wenn er zunächst mal eine kurze Kaffeepause oder Ähnliches machen kann. Überfallen Sie ihn nicht gleich mit einem Schwall an Worten, auch wenn das jetzt Ihr Wunsch ist. Viele Männer möchten sich zunächst zurückziehen. Sie sind damit überfordert, wenn sie gleich das Baby in den Arm gedrückt bekommen. Ihre Gesprächsthemen und Fragen können häufig noch eine Weile warten und können nach einer solchen Pause effektiver und besser besprochen werden.

Deshalb unser Tipp für die Frauen: Lassen Sie Ihren Mann die ersten 30 Minuten mit seiner Zeitung, seinen

Filzpantoffeln, seinem Bier, seiner Sportschau oder seinen E-Mails allein. Allein bedeutet auch, dass die Kinder sich an diese 30 Minuten halten: »Lasst den Papa erst mal ankommen und ausruhen, später könnt ihr ihn alles fragen und sagen, was ihr auf dem Herzen habt.« Nach dieser Zeit des Ankommens und der Entspannung ist dann aber Action angesagt. Auch der Mann kann und soll sich im gemeinsamen Zuhause einbringen: Der Rasen muss noch gemäht werden, die Hausaufgaben kontrolliert, die Waschmaschine repariert und es muss noch eingekauft werden. Treffen Sie eine Verabredung, wann Sie mit ihm über die Themen sprechen können, die wichtig sind.

Grundsätzlich gilt, dass Sie als Paar absprechen, wie Ihre Kommunikationszeiten ablaufen sollen.

Das eben genannte Beispiel trifft ja nicht die Lebensrealität aller Ehepaare, im Gegenteil wandelt sich die Herausforderung für viele in die Richtung, dass beide abends müde von der Arbeit nach Hause kommen und sich dann um die Kinder kümmern müssen. Die Bedürfnisse von beiden müssen bei einer solchen Absprache berücksichtigt werden, denn beide haben nach einem vollen Tag den Wunsch nach Ruhe und Entspannung – was auch immer Entspannung bedeutet. Gerade wenn schon Kinder da sind, werden diese Absprachen wichtig. Viele Familien planen auch extra eine Vater-Kinder-Zeit ein, in der die Frau nicht auf das Schreien oder das Jammern der Kinder reagieren muss, sondern für eine bestimmte Zeit »frei« hat.

Für viele Frauen ist aber Kommunikation das Mittel zur Entspannung. Dabei kann es um die Planung der nächsten Woche, die Erlebnisse des Tages, die Probleme mit einem Handwerker, prinzipiell um jedes vorstellbare Thema gehen, das gerade in ihrem Alltag aktuell ist. Die meisten Frauen möchten beim Reden die ungeteilte Aufmerksamkeit ihres Mannes. Das ist kein Egoismus oder Empfindlichkeit, sondern hat wieder etwas mit dem Gefühl der Wertschätzung zu tun.

Viele Männer gehen davon aus, dass sie ein tiefsinniges Gespräch mit ihren Frauen führen können und nebenbei noch im Smartphone Mails checken, fernsehen, Kreuzworträtsel ausfüllen, Zeitung lesen, Hausaufgaben kontrollieren, essen und den nächsten Hauskreis vorbereiten können. Rein vom Ergebnis her mag das sogar manchmal stimmen. Frauen kommt es aber nicht nur auf das Ergebnis eines Gesprächs an, sondern es geht vorwiegend um Aufmerksamkeit und Anteilnahme. Beides wird nicht zum Ausdruck gebracht, wenn nebenbei noch viele andere Dinge geschehen. Es ist ein Zeichen der Wertschätzung und des Respekts, wenn vor einem ernsthaften Gespräch der Fernseher ausgemacht, die Zeitung weggelegt, das Smartphone in die Tasche gesteckt und Blickkontakt aufgenommen wird.

Wer nicht bereit ist, sich auf den anderen einzustellen, muss sich über das Echo nicht wundern. Die Verletzungen, die durch mangelnde Wertschätzung entstehen können, sind zehnmal anstrengender, als sich gleich auf das Gegenüber einzustellen. Letztendlich tut man sich selbst einen Gefallen, wenn man sich auf den anderen einstellt und ihn nicht nebenbei abhandelt.

Aber nicht nur die ungeteilte Aufmerksamkeit, sondern auch der Austausch selbst stärkt das Vertrauen. Austausch beinhaltet sowohl wichtige als auch unwichtige Dinge. Meine Erfahrung zeigt, dass auch hier die Beziehungs- und Sachorientierung eine Rolle spielen: Während es Männern häufig um ein Gesprächsergebnis geht, steht das für eine Frau nicht so stark im Fokus. Viele Frauen haben das Bedürfnis, sich einfach auszutauschen, und brauchen im Gespräch nicht unbedingt ein weiteres Ziel oder ein produktives Ergebnis.

Dazu kommt noch, dass Frauen völlig anders miteinander reden als Männer. Frauen schauen sich oft während eines Gesprächs direkt in die Augen, geben sich immer wieder Rückmeldungen und Bestätigung – ein Mann lehnt sich zurück, hört ungerührt zu, denkt nach, wie man ihr Problem lösen kann, sie fühlt sich nicht verstanden und wertet ihn ab, indem sie sagt: »Mit dir kann man nicht reden!« Frauen haben ein ausgezeichnetes Langzeitgedächtnis in Bezug auf Beziehungsdinge, sie können ihm auch noch nach Jahren Dinge vorhalten, die er längst vergessen hat. Sie geht als Sieger aus dem Gespräch hervor. Wer redet aber gerne mit jemandem, wo von vornherein feststeht, wer Verlierer ist?

**Sind Sie zufrieden mit Ihrer Kommunikation?
Kommt der Einzelne ausreichend darin vor?
Wie gestalten Sie die Zeit nach dem Arbeitsall-
tag? Passt das für Sie beide oder hat der oder
die andere weitere Bedürfnisse?**

RÜCKSICHT AUF GEFÜHLE

Auch beim Thema Gefühle zeigt sich, dass Frauen tendenziell eher menschenorientiert sind und Männer eher sachorientiert. Eine Frau erwartet Wertschätzung gegenüber
ihren Gefühlen, ein Mann gegenüber seinen Begründungen.

Widersprich nie einem Mann!
Warte 30 Minuten und er macht es selber.

Männer und Frauen nehmen häufig ein und dieselbe Situation komplett unterschiedlich war, da in der Tendenz Männer die Sache sehen und Frauen auch ihre Gefühle, die sie mit der Sache verbinden, in die Wahrnehmung einfließen lassen. Obwohl beide das Gleiche vor Augen haben, sehen sie unterschiedliche Dinge und die Reaktionen fallen unterschiedlich aus. Man kann das gut damit vergleichen, dass man etwas von einer anderen Seite sieht. Stehen zwei Personen vor einem Haus, kann die Beschreibung sehr unterschiedlich ausfallen, je nachdem, ob man die Front- oder Hinteransicht vor Augen hat: Vorne geht eine Treppe zum Eingang hoch, hinten sieht man Balkons und die Terrasse, aber keine Treppe. Es ist und bleibt aber dasselbe Haus. Gefühle und Empfindungen sind mindestens so wichtig und ernst zu nehmen wie logische Begründungen und Argumente. Bei echter Wertschätzung werte ich weder die Gefühle des einen ab, noch bin ich beleidigt, wenn er meinen Gefühlen seine logischen Argumente gegenüberstellt. Mann und Frau können an dieser Stelle lernen, was es heißt, sich zu ergänzen, denn beides zusammen ergibt ein vollständigeres Bild der Situation. Es bleibt dabei: Auch an dieser Stelle können und sollen Männer und Frauen sich ergänzen und voneinander lernen.

Als wir verlobt waren, sind wir in Berlin am Wannsee baden gewesen. Ich habe getaucht und plötzlich meinen Verlobungsring verloren. Als ich das meiner Frau sagte, ging sie an die (nicht vorhandene) Decke und explodierte. Als ich sah, wie sie sich wegen so eines blöden Ringes aufregte, bekam ich einen Lachkrampf. Je mehr ich aber lachte, desto mehr regte sie sich auf. Ich konnte gar nicht verstehen, dass man sich wegen eines Verlobungsringes so aufregen konnte. Ich dachte (im Spaß): »Da geht man an den nächsten Kaugummiautomaten und dreht sich einen neuen Ring, samt zwei Kugeln.« Wir standen im Wasser und waren total verkracht. Wir sind dann nach Hause gefahren und haben nicht mehr miteinander gesprochen. Den ganzen Tag haben wir »Stille Zeit« gehalten.

Erst viele Jahre später haben wir den Konflikt verstanden. Für mich als Mann war der Ring pure Materie: Da geht man zum nächsten Juwelier und kauft sich einen neuen, ist halt schade um den materiellen Wert, aber was soll's?! Typisch für mich: sachorientiert. Für meine Frau war der Ring aber nicht nur Materie, sondern hatte etwas mit unserer Beziehung zu tun. Nicht ein Stück Metall war verloren gegangen, sondern das Zeichen unserer Verbundenheit. Typisch für meine Frau: beziehungsorientiert.

Wenn ich etwas über das Wesen einer Frau gewusst hätte, wäre ich einfach ruhig geblieben und hätte ihr anschließend versichert, dass ich für Ersatz sorgen und das fehlende Zeichen unserer Liebe schnell ersetzen würde. Und wenn meine Frau etwas vom Wesen eines Mannes gewusst hätte, wäre es kein Problem für sie gewesen, mich lachen zu lassen, wissend, dass meine Liebe nicht mit dem Ring abgesoffen war und es kein Problem darstellte, einen neuen Ring zu besorgen. Beide sind wir nur jeweils von uns selbst ausgegangen. Das Wort Empathie kannten wir damals nicht, geschweige denn, was das Wort in der Praxis heißt, nämlich vom anderen her zu denken und zu empfinden. Ich musste lernen, ihre Empfindungen und Gefühle genauso ernst zu nehmen wie sie meine logische Herangehensweise.

ARNO BACKHAUS

Empathie heißt, dass ich die Emotionen, Gedanken, Absichten und die Charaktereigenschaften einer anderen Person erkenne und verstehe. Das Erkennen und Verstehen bringt mich dann dazu, anders zu reagieren, als ich es nur mit dem Blick auf mich getan hätte. Empathie erfordert, dass ich den anderen kenne. Nichts ist schlimmer, als den anderen mit seinen Emotionen in eine Schublade zu stecken: Du bist eine Frau, du musst doch so fühlen. Der Weg, den anderen mit seinen Gefühlen und Emotionen zu verstehen, ist ein langer und steiniger.

Bei allen Punkten sollten wir uns immer klarmachen: Mein Partner ist nicht anders, um mich zu ärgern! Wir müssen lernen, nicht den anderen auf unsere Seite zu ziehen oder so haben zu wollen, wie wir sind, sondern den anderen in seiner Andersartigkeit zu verstehen – und ihn auch als Ergänzung zu verstehen.

> Hanna hat früher manchmal gesagt: »Ich bin nicht auf der Welt, um so zu sein, wie du mich haben willst, sondern um in die Persönlichkeit hineinzuwachsen, die Gott in mir sieht.«

ARNO BACKHAUS

 **Wo haben Sie sich wiedererkannt? Wo fühlen Sie sich von Ihrem Partner missverstanden? Wie können Sie lernen, sich gegenseitig mit Ihren Emotionen zu verstehen und als Ergänzung anzunehmen?**

- Wo gibt es in Ihrer Beziehung noch Entwicklungsbedarf? Beim Thema Offenheit? Liebe und Wertschätzung? Priorität der Beziehung? Romantik? Oasen im Alltag? Kommunikation? Rücksicht auf Gefühle?
- Nehmen Sie sich eine Sache konkret vor, die Sie gemeinsam umsetzen möchten.

EHE-ROTIK

Einiges, was wir im Folgenden zusammenfassen, haben wir aus dem Buch »Ehe wir's verlernen – Erotik in der Ehe« übernommen. Die genauen Angaben zum Buch finden Sie im Anhang.[3] Dieses Thema hat keinen höheren Stellenwert als die anderen, aber es ist wahrscheinlich für viele Paare das schwierigste.

Darum gehen wir darauf auch etwas ausführlicher ein. In der Öffentlichkeit wird uns Sexualität als etwas Tolles und Faszinierendes verkauft, aber es wird in keinem anderen Bereich so viel gelitten und in die Kissen geheult wie im Bereich der Sexualität.

In unserer Gesellschaft begegnet uns das Thema Sexualität überall. Du kannst am Kiosk kaum noch ein Kaugummi kaufen, ohne dass eine nackte Frau drum herumgewickelt ist. In den 60er-Jahren ist eine ganze Generation aufgestanden und wollte uns sexuell »entklemmen«. Ich habe nicht den Eindruck, dass das auch nur im Ansatz gelungen ist. Im Gegenteil! Für viele Paare ergibt sich daraus die Konsequenz, den Bereich der Erotik und Sexualität mehr und mehr zu vernachlässigen. Das kann so weit gehen, dass sie ihn ganz ausklammern aus ihrem Alltag, weil es ihnen unmöglich erscheint, zusätzlich zu den Pflichten im Beruf und mit Kindern noch in diesen Bereich zu investieren.

Der Lieblosigkeit der öffentlich gemachten Erotik steht eine »Erotiklosigkeit« im Alltag unzähliger Beziehungen gegenüber. Angesichts der scheinbaren Tabulosigkeit fühlen sie sich damit »verklemmt«.

Drei Dinge ereignen sich:

1. Man misst sich am öffentlichen Maßstab der anscheinend immer Spaß bringenden Erotik und ist in Wirklichkeit doch nur Otto Normalverbraucher.

2. Je öffentlicher das Thema behandelt wird, umso größer wird die Sprachlosigkeit in Familie und Partnerschaft. Und so ist Sexualität, trotz der Offenheit der Medien, ein Tabuthema geblieben.

3. Die Allgegenwart von Pornografie stellt eine ernst zu nehmende Bedrohung für Ehepaare und für unsere Kinder dar. Der offene Umgang mit den Gefahren der Internetpornografie und das persönliche Ehrlichwerden in der Ehe sind notwendig, um diese Klippe zu umschiffen.

Wir glauben, dass Sexualität in der Ehe eine geniale Idee Gottes ist. Sie ist der höchste Ausdruck von Nähe. Mann und Frau werden eins, »kleben« aneinander, verschmelzen. Dieses Einswerden veranschaulicht zugleich die Liebe Gottes zu uns Menschen. Am Anfang der Beziehung zu Gott steht immer eine Entscheidung: Will ich mit Gott und seiner Wahrheit leben? Am Anfang der Ehe steht die Entscheidung: Will ich mit diesem Menschen leben?

Wer seinen Partner liebt, dem stellt sich die lebenslange Aufgabe, an diesem »Einssein« zu arbeiten. Gelingende Erotik ist immer eingebettet in eine liebevolle und zuverlässige Partnerschaft. Deswegen kann man auch »die Katze im Sack« kaufen und muss nicht vorher probieren, ob es »klappt«.

In dem, was uns die Medien über Erotik vermitteln, sind Sexualität und Erotik abgekoppelt von Beziehung und Liebe. Sexualität wird abgetrennt von einer Person gesehen, sie soll einfach nur Lust wecken und Befriedigung bringen. Deshalb bewirbt man auch Autos und alle möglichen anderen Konsumartikel mit schönen, leicht bekleideten Frauen. Dadurch wird die Sexualität selbst immer mehr zum Konsumartikel und hat mit Liebe nichts mehr zu tun. Das Ergebnis können wir an vielen Stellen beobachten: Pornografie, Missbrauch von Kindern, Gruppensex, Partnertausch, sadomasochistische Praktiken ... Die Liste lässt sich leider beliebig fortsetzen. All das soll der Erotik einen neuen Kick geben, führt aber immer mehr zur Abstumpfung. Uns geht es nicht darum zu moralisieren, sondern eine Lanze zu brechen für »Ehe-Rotik«: Erotik und Sexualität, wie Gott sie gemeint hat. Aus seiner Sicht gehört sie eingebettet in eine Beziehung, in die Ehe. Wir wissen aus eigener Erfahrung, dass es sich lohnt, in jeder Hinsicht in die Partnerschaft zu investieren und gegen den Zeitgeist zu leben.

Erotik und Kommunikation

Erotik kann aber nicht einzeln betrachtet werden. Kommunikation und Erotik zum Beispiel sind im ehelichen Miteinander eng verwoben. Ein Ehepaar schildert sein Eheproblem:

Sie: »Mein Mann ist beruflich viel unterwegs. Durch das Alleinsein staut sich bei mir viel Ärger mit den Kindern und den anderen häuslichen Dingen an. Wenn er dann kommt und ich mich freue, endlich alles mit ihm besprechen zu können, ist er zu müde, blockt ab, hat keinen Nerv. Ich werde sauer, weil ich mich überhaupt nicht von ihm ernst genommen fühle.«

Er: »Das ist nicht unser eigentliches Problem. Das besteht viel mehr darin, dass sie nie mit mir schlafen will. Wenn ich längere Zeit weg war, freue ich mich auf sie, möchte endlich mit ihr zusammen sein. Sobald ich aber Anstalten mache, mit ihr zu schlafen, blockt sie ab, hat keine Lust. Dann bin ich echt verletzt und stocksauer. Sie merkt wohl gar nicht, wie ich sie liebe.«

Wer von beiden spricht nun das Problem aus? Beide! Mann und Frau leiden unter verschiedenen Seiten derselben Medaille. Beide wünschen sich die Nähe des anderen und beide sind verletzt durch die Ablehnung des anderen. Beide empfinden ihr eigenes Bedürfnis als vorrangig. Keiner versetzt sich in den anderen hinein. Beide haben nicht die Kunst erlernt, den anderen »aufzuschließen«.

Wie kommt man hier weiter? Frauen sind Männern in Beziehungsdingen haushoch überlegen. Natürlich auch, wenn es darum geht, über Beziehungsfragen zu reden. Sie wünschen sich Gespräche mit ihren Männern, besonders über ihre Gefühle. Diese Gespräche bleiben aber mehr und mehr aus, je stärker die Ehe einem Kampffeld ähnelt. Frauen sind Profis in Sachen verständnisvoller Kommunikation, Männer etwas weniger. Frauen erfassen viele unausgesprochene Dinge intuitiv, Männer haben es da

schwerer. Schließt sich ein Mann seiner Frau gegenüber
auf, ist er emotional offen, und steht er zu seinen Schwächen, dann schlägt sie zu: »Siehste, da haben wir's, sag ich
ja immer!« Sie entlädt ihren Frust und er macht zu, ver-
schließt sich schnellstens wieder. Er ist nicht immun gegen ihre feurigen Pfeile. Wie eine Schnecke zieht er sich in
sein Schneckenhaus zurück. So seltsam es klingt, ein tief
gehendes Gespräch braucht beim Mann ein Vorspiel und
darf nicht durch verletzende Worte zerstört werden. Wenn
Frauen merken, dass er sich emotional öffnet, dürfen sie
nicht über ihn herfallen und ihn mit Worten bedrängen.
Männer sind in der Wahrnehmung ihrer sexuellen Bedürfnisse Frauen überlegen. Sie wünschen sich, ihre geheimen
Sehnsüchte gemeinsam mit ihrer Frau auszuleben. Dies
wird jedoch niemals in erfüllender Weise gelingen, solan-

Ich erinnere mich an eine Situation auf der Autobahn.
Wir standen im Stau. Meine Frau empfindet einen
Kommunikationsstau, ich nur einen Autostau. Weder
dem Stau noch ihr konnte ich entrinnen. Obwohl ich
in Sachen Kommunikation bestens geübt bin, fühlte
ich mich von ihr total in die Enge getrieben. Ich sagte
nichts mehr, bis ich mich emotional entlud: »Jetzt halt
endlich deinen Mund, ich fühle mich total bedrängt!«
Auch Frauen können zudringlich werden, nicht nur
Männer!

ARNO BACKHAUS

ge Sexualität auf dem Hintergrund eines Machtkampfes mit einer fordernden Haltung gelebt wird. Es kann leicht passieren, dass das Ehebett zu einer Kampfarena umfunktioniert wird.

Es ist klar: Frauen müssen zur Erotik aufgeschlossen werden, Männer zum Reden.

Schon die Anatomie macht deutlich: Der Koitus hat eine aggressive Dimension. Ein Mann dringt in die Frau ein, ist die Frau dazu nicht bereit, verursacht das Schmerzen, mindestens im seelischen Bereich. Sie muss bestimmen, wie weit sie ihn an sich heran bzw. in sich herein lässt. Wie zur Oper die Ouvertüre, so gehört zum Geschlechtsverkehr das Vorspiel. Wer das beherrscht, kennt die hohe Kunst der Erotik. Zum Vorspiel gehört für die Frau das Gespräch, im Sprechen kommt sie dem Mann nah. Für einen Mann ist das oft zu umständlich, viel zu mühsam und vor allem gänzlich unnötig, um erregt zu sein. Aber bedenken Sie, ihre Frau ist keine allzeit bereite Prostituierte. Ohne die männliche Kunst des Aufschließens wird sie auf Dauer verschlossen bleiben bzw. ganz dichtmachen. Und auch sie wird darunter leiden, denn ihr fehlt diese Art Nähe, auch wenn vielleicht ihr sexueller Druck nicht so vordergründig ist. Außerdem können Frauen ihr Nähebedürfnis eher anderweitig kanalisieren oder kompensieren, z. B. im Ausleben ihrer mütterlichen Gefühle an den Kindern.

Halten wir fest: Kommunikationsbedürfnis und Sexualtrieb sind zwei unterschiedliche Ausdrücke für den Wunsch nach Einssein und Verschmelzung. Vernachlässigen wir das eine, stirbt das andere. Sowohl Sexualität als auch Gespräch können nur gelingen, wenn nicht jeder bei sich und seinen eigenen Bedürfnissen bleibt. Wir müssen immer die Bedürfnisse des Partners mit einbeziehen, und das, obwohl der andere immer auch der andere bleibt. Lasse ich mich auf meine Frau bzw. auf meinen Mann ein, werde ich immer wieder auch nackt vor dem anderen stehen. Sowohl in der Sexualität als auch im Gespräch muss diese Zone ohne Forderungen und Vorwürfe sein. Hier sind beide im höchsten Grade verletzlich. Daher setzen Sexualität und Gespräch einen erheblichen Vorschuss an Vertrauen voraus. Natürlich verletzen wir uns auch da immer wieder, aber es ist ein großer Unterschied, ob dies aus Unachtsamkeit oder Unfähigkeit geschieht, ob wir lernbereit sind oder ob wir grundsätzlich die Liebe verweigern.

Die unterschiedlichen Erwartungen von Männern und Frauen sind nicht leicht auf einen Nenner zu bringen, aber es ist möglich! Auf den Punkt gebracht kann man sagen: Was in der Beziehung positiv läuft, fördert die Erotik bei Frauen. Sexualität findet nicht nur im Bett statt, sondern wird quasi den ganzen Tag über durch die Art, wie die Beziehung gelebt wird, vorbereitet. Für Männer ist alles Erotik, was im Bett stattfindet, und diese Nähe fördert die Bereitschaft, sich im Gespräch zu öffnen.

Aus dieser Tatsache ergibt sich jede Menge Sprengstoff für die Beziehung und natürlich wird es auch immer wieder zu Explosionen kommen. Jedes Paar hat das Recht auf seine persönliche, unverwechselbare und nicht austauschbare individuelle erotische Entwicklung. Man darf nur nicht alles auf einmal und sofort wollen – eine gute Portion Humor und Optimismus ist hier sehr hilfreich!

Jeder braucht es, geliebt und begehrt zu werden. Jede auch. Jeder erwartet vom Partner, das zu bekommen, was er braucht. Keiner von beiden ist austauschbar. Entweder schaffen sie es zusammen, dass Erotik ein konstruktives Element ihrer Beziehung ist, oder sie verkommt zum Fitnesstraining bzw. schläft mit der Zeit ganz ein. Beide Partner brauchen Treue, Vertrauen und das Gefühl, für den anderen einmalig zu sein – und nicht etwa ein Konsum-artikel der Wegwerfgesellschaft. Liebe bezieht den ganzen Menschen ein, Leib, Seele und Geist!

Hindernisse auf dem Weg zur gesunden Erotik

Es gibt in jeder Ehe Zeiten, in der die Erotik eine eher untergeordnete Rolle spielt, z. B. wenn ein Kind geboren wurde, alte Eltern zu pflegen sind, das Eigenheim gebaut wird oder andere gravierende Ereignisse die Sexualität vorübergehend in den Hintergrund treten lassen. Solche Zeiten bergen aber immer die Gefahr, die Erotik ganz zu vernachlässigen. Beide Partner werden nicht wirklich glücklich damit sein. Deshalb ist es wichtig, den Verstand einzuschalten und Zeit und Raum einzuplanen, damit Romantik und Erotik sich wieder neu entfalten können.

Genauso gibt es Beziehungen, in denen sich Hinder-nisse ergeben, die ihren Ursprung in der Prägung eines

Partners haben, z. B. mangelnde Selbstannahme, besonders die des eigenen Körpers. Das ist häufig ein Phänomen der Frauen. Frauen glauben, ihr Körper sei nicht attraktiv genug für ihn und das ist ein Störfaktor ihres Lustempfindens. Was sich aber für ihn störend auswirkt, ist nicht ihre mangelnde körperliche Perfektion, sondern ihre Unzufriedenheit mit sich selbst, die sich schließlich auch auf ihn überträgt. Hinter diesem Problem steckt Perfektionismus: »Man kann mich nur lieben, wenn ich Idealmaße habe« – ein Irrglaube, den die Medien glaubhaft vermitteln. Anstatt ihrem Mann zu glauben, der die Zweisamkeit mit ihr auch mit ein paar Pfund zu viel oder den Schwangerschaftsstreifen am Bauch genießen kann, fühlt sie sich ungenügend. Der perfekt gestylte Körper ist jedoch ein Produkt unserer Zeit und kein Muss für guten Sex.

Ein weiteres Hindernis in der Beziehung kann durch das elterliche Erbe gegeben sein. Das Ehevorbild, das wir von zu Hause mitgenommen haben, hängt uns in der eigenen Ehe nach. Sprüche von unseren Eltern klingeln bei uns im Kopf wie:

- Männer wollen immer nur das eine!
- Sex ist nur etwas für junge Leute!
- Eltern brauchen keinen Sex mehr!
- Sex ist nur zum Kindermachen da!
- Frauen reagieren höchstens, aber agieren nicht auf dem Gebiet der Erotik!
- Erst die Arbeit und dann das Vergnügen!
- Sieh zu, dass du erotisch aussiehst!

**Frage: Welche Sätze sind in Ihrem Kopf?
Welche Rolle spielten Sexualität und Zärtlich-
keit in der Ehe Ihrer Eltern?**

_____

_____

_____

_____

Verletzungen aus der Vergangenheit

Erlebnisse aus vergangenen Beziehungen und daraus
folgende Verletzungen fließen ungewollt ein in die ge-
genwärtige Beziehung. Nach alten, nicht aufgearbeiteten
Beziehungen gehen die Bilder im wahrsten Sinne des
Wortes wild durcheinander. Besonders belastend wirkt
sich sexueller Missbrauch in der Kindheit auf die Paarbeziehung aus. Leider geraten Menschen mit Gewalterfah-
rungen häufig wieder an Partner mit Gewaltbereitschaft.
Ein unbewusster Vorgang löst einen Wiederholungszwang
aus. Damit versucht die Seele, das traumatische Ereignis
zu verarbeiten. Solche Verletzungen gehören in eine er-
fahrene seelsorgerliche oder psychotherapeutische Be-
handlung, um aufgearbeitet zu werden. Sonst nimmt man
in Kauf, dass eine lebenslange Hypothek auf der Ehe liegt,
die eine erfüllte Sexualität unmöglich macht.

Verachtung der Sexualität führt dazu, dass eine gesunde Erotik in der Partnerschaft nicht stattfinden kann. Sie resultiert aus dem Bewusstsein, es gäbe Wichtigeres als Sex. Frei nach dem Motto: »Da steh ich drüber.« In religiösen Kreisen steht auch oft der Satz im Hintergrund, dass Sexualität nur der Fortpflanzung dienen darf. So wird Sexualität aus der Paarbeziehung verdrängt und in andere Bereiche verlagert, weil die sexuelle Energie eines Menschen ja irgendwohin muss. Mütter »verlieben« sich aus diesem Grund manchmal regelrecht in ihre Söhne und pflegen deren Körper mehr und besser als den ihres Mannes oder ergötzen sich an Groschenromanen und Fernsehserien. Väter verbringen aus gleichem Grund viele Nachtstunden vor dem Bildschirm oder im Internet, werden Kettenraucher, Alkoholliebhaber oder Sportfanatiker. Auch im religiösen Bereich kann man etliche Fanatiker oder Mystiker finden, die ihre sexuelle Energie sublimieren und verdrängen. Wo Leidenschaft entsteht, ist immer auch erotische Energie im Spiel, und genau die fehlt vielen Menschen dann im Bett.

Was die erotische Beziehung fördert

Sexualität wird in unserer Gesellschaft gnadenlos enttabuisiert. Diese öffentliche Schamlosigkeit hat dramatische Folgen für unendliche Beziehungen. Intime Schamlosigkeit zu zweit, das ist Ehe-Rotik. Leider können viele Ehepaare diese nicht miteinander pflegen, weil sie einfach zuwenig voneinander wissen, und weil das Leben ganz ohne Scham bisher nur im Paradies vor dem Sündenfall stattgefunden hat. Daran hat bisher unsere aufgeklärte Zeit, auch mit allen Medien à la Oswald Kolle, nichts ändern können. Es kommt nicht darauf an, möglichst viel über Sex im Allgemeinen zu wissen, sondern ich muss die Vorlieben und Bedürfnisse meines Partners immer besser kennenlernen. Am besten geht das, wenn wir auch auf dem Gebiet der Erotik eine offene Kommunikation pflegen.

Wir hatten einige Jahre an diesem Thema zu arbeiten, weil wir beide, jeder auf seine eigene Art, vom Zeitgeist der Fünfziger- und Sechzigerjahre und natürlich auch von unseren Elternhäusern geprägt waren. Die mehr oder weniger unausgesprochene Maßgabe war: Über Sexualität spricht man nicht! Das macht man höchstens, notgedrungen, wenn's nicht anders geht. Erst als wir mit unseren völlig unterschiedlichen Erwartungen an eheliche Erotik an unsere Grenzen stießen, mussten wir uns entscheiden: Nehmen wir das Risiko auf uns, dass die Beziehung daran zerbricht, oder wagen wir, wenn auch zuerst mit roten Ohren, das Gespräch? Wir brauchten 20 Jahre, um unsere Sexualität so abzustimmen, dass sie uns keinen Stress macht und nicht zu Konflikten führt. Heute können wir gut damit umgehen und wir können uns mehr denn je daran erfreuen.

HANNA & ARNO BACKHAUS

Die Grundregeln liebevoller erotischer Enttabuisierung
sind:

- Alles ansprechen dürfen, auch die verborgenen Wünsche.
- Vieles erfüllen können und dabei immer Versagen einkalkulieren, aber nichts müssen!

Um sich die gegenseitigen Wünsche zu erfüllen, müssen
wir sie kennen. Die unabdingbare Voraussetzung dafür
ist Vertrauen. »Sich trauen« kommt ja von Vertrauen. Eheliche Intimität ist also etwas besonders Schützenswertes!
»Normal« im ehelichen Miteinander ist alles, was beiden
gefällt und was mit beidseitiger Übereinkunft und Freiwilligkeit geschehen kann. Die Version von Paulus lautet
folgendermaßen: »Mir ist alles erlaubt. Aber nicht alles
ist gut« (1. Korinther 6,12). Gut ist, was beiden und der
Beziehung guttut.

Treue ist für uns das Zauberwort einer lebenslang
wachsenden Ehe. Eine gesunde Beziehung kann sich
nur entfalten, wenn man ihr Zeit und Raum zugesteht
und vor allen Dingen nicht so schnell aufgibt, wenn
sich Hindernisse auftun. Viele geben zu früh auf. Ein
hoher Anspruch an die Ehe ist gut, wenn das nicht
dazu dient, sich selbst und den Partner zu überfordern, sondern in Geduld und Liebe die Beziehung zu
fördern. Und dies trifft auch besonders auf den

Bereich der Sexualität zu. Ein hoher Anspruch ist gut, denn Spaß im Bett trägt ungemein zum Zusammengehörigkeitsgefühl bei. Wo Erwartungen aber in Stress ausarten, nehmen Vertrauen und Lust schnell Reißaus. Einmal mehr heißt es, die Balance zu finden.

HANNA & ARNO BACKHAUS

Treue gilt auch im gedanklichen Bereich. In Sprüche 4,23 steht: »Achte auf deine Gedanken und auf deine Gefühle, denn sie beeinflussen dein ganzes Leben« (HFA). Wie wir denken, so leben wir auch! Eine Studie belegt, dass in den erotischen Träumen der meisten Deutschen der eigene Partner / die eigene Partnerin nicht oder nur selten vorkommt. Das Problem des virtuellen Ehebruchs wird schon im Neuen Testament in Matthäus 5,27-28 angesprochen: »Ihr habt gehört, dass es im Gesetz von Mose heißt: ›Du sollst nicht die Ehe brechen.‹ Ich aber sage: Wer eine Frau auch nur mit einem Blick voller Begierde ansieht, hat im Herzen schon mit ihr die Ehe gebrochen.« Den Bereich unserer Gedanken können wir beeinflussen. Tagträumen Sie von Ihrem Ehepartner. Denken Sie bewusst an ihn. In Gedanken gibt es keine Tabus. Denken Sie an schöne Stunden zu zweit, entdecken Sie, was daran schön war, entfalten Sie auf diese Art die geheimen Spielregeln Ihrer ganz privaten Erotik – eines Bereiches, der nur Ihnen gehört.

Sie fragen sich vielleicht, wie Ihnen das gelingen soll – gerade angesichts des Sex-Bombardements unserer Zeit. Wir empfehlen Ihnen den »pawlowschen Hund«, das heißt, dass auf einen äußeren Reiz eine Reaktion eintritt (der erwähnte Hund reagierte im Experiment auf den Schritt des Menschen, den er mit Futter in Verbindung brachte, bereits mit vermehrter Speichelproduktion in der Erwartung von Nahrung; Stichwort klassische Konditionierung). Praktisch bedeutet das zu trainieren, sich in erotischen Fantasien ausschließlich mit dem eigenen Partner zu beschäftigen. Der Effekt besteht darin, dass alle erotischen Reize an den Partner gekoppelt sind oder werden. Wird dann ein erotischer Reiz wahrgenommen, kommt sofort und nur der eigene Partner in den Sinn.

Lebendige Erotik ist Arbeit, und doch ist gelingende Sexualität keine Leistung, sondern ein Produkt von Liebe. Wenn wir uns nicht lieben und achten, nützt auch die rote Beleuchtung im Schlafzimmer nichts. Bedenken Sie, dass Störungen im Bereich der Erotik und Sexualität in aller Regel auf Beziehungsstörungen hinweisen. Erotik ist nur die Spitze des Eisberges »Beziehung«. Gegenseitige Achtung und Wertschätzung sind die Voraussetzungen unter der Oberfläche.

Der Mensch ist ein von Gott konzipiertes sexuelles Wesen. Sexualität bedeutet die Überwindung der Einsamkeit, Einssein mit dem Partner und tiefe Gemeinschaft. Die erotische Dimension unseres Lebens sollten wir als ein wunderbares Geschenk Gottes verstehen. Auf den ersten Seiten der Bibel können wir darüber übrigens lesen: »Adam und seine Frau waren beide nackt, aber sie schämten sich nicht« (1. Mose 2,25). Erotische Liebe ist der Vorgeschmack des Paradieses.

Die hohe Kunst der Erotik in der Ehe zu erlernen, braucht Zeit und Geduld. Der Duden definiert »Kunst« folgendermaßen: »Können, besonderes Geschick, [erworbene] Fertigkeit auf einem bestimmten Gebiet«[4]. Kunst fällt einem also nicht nur zu, sondern es geht auch ums Üben und Erwerben.

Hier ein kleiner Auszug, wie offen und realitätsnah die Bibel berichtet: »Nun zu den Fragen, die ihr in eurem Brief stellt. Ja, es ist gut für einen Menschen, sexuell enthaltsam zu leben. Doch weil es so viel Unzucht gibt, sollte jeder Mann seine Frau haben und jede Frau ihren Mann. Der Ehemann soll sich seiner Frau nicht entziehen; dasselbe gilt für die Ehefrau ihrem Mann gegenüber. Die Ehefrau gibt ihrem Mann das Recht über ihren Körper, und ebenso gibt der Ehemann seiner Frau das Recht über seinen Körper. Keiner soll sich dem anderen verweigern, es sei denn, beide Ehepartner beschließen übereinstimmend, sich für eine begrenzte Zeit sexuell zu enthalten, um sich noch intensiver dem Gebet widmen zu können. Danach kommt wieder zusammen, damit euch der Satan nicht in Versuchung führt, weil ihr euch nicht beherrschen könnt« (1. Korinther 7,1-5).

Erotik und Sex sind keine Fremdworte in der Bibel. Aber es kommt auf den Rahmen an. Gemeinsam die Ehe-Rotik zu entdecken und zu genießen, ist unsere Aufgabe in der Ehe.

- Welche Erwartungen haben Sie im Bereich der »Ehe-Rotik«? Kenne Sie die Wünsche und Bedürfnisse ihres Partners?
- Fällt es Ihnen leicht, über Ihre Wünsche und Bedürfnisse zu sprechen? Was würde Ihnen helfen?

»ICH WILL KEINE KONFLIKTE ...« –

»DANN SEI EINFACH WIE ICH ...«

Bei aller Unterschiedlichkeit können wir Konflikte nicht vermeiden. Auch wenn wir noch so viel Rücksicht aufeinander nehmen, wird es immer wieder zu Konflikten kommen – und sie sind wichtig auf dem Weg, sich gegenseitig als Ergänzung wahrzunehmen.

Das Wort »Konflikt« kann eigentlich am besten mit »Zusammenstoß« oder »Widerspruch« übersetzt werden. Damit wird ein **Wider**spruch beschrieben, ein Nicht-Zusammenpassen von unterschiedlichen Zielen, Verhaltensweisen, Bedürfnissen und Werten in mir selbst oder zwischen mir und anderen oder zwischen Gruppen.

Wir haben häufig Angst vor Konflikten, dabei sind sie ein Zeichen dafür, dass eine Beziehung intensiver wird, also mehr in die Tiefe geht. So gesehen sind Konflikte etwas Mutmachendes, denn wir würden nie eine Konfliktlösung anstreben, wenn uns der Konfliktpartner gleichgültig wäre.

Manche Menschen tun zwar so, als hätten sie kein Interesse mehr am anderen, wenn die Konflikte sich häufen oder vertiefen. Sie weisen den anderen zurück und blocken alle Annäherungen ab.

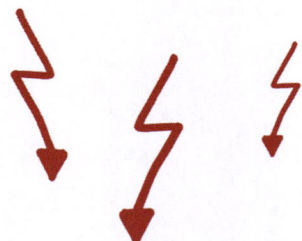

> Dieses Desinteresse halte ich nicht für echt. In der Regel ist dieses vordergründige Desinteresse ein Ausdruck der Hilflosigkeit oder ein Zeichen für Verletzung. Der Partner zieht sich in den Schmollwinkel zurück. Im Gegenzug können in gut ausgefochtenen Konflikten die Beziehungsfähigkeit und die soziale Kompetenz wachsen – doch auch Streiten will gelernt sein.

HANNA BACKHAUS

WAS KONFLIKTE BEWIRKEN

Konflikte werden häufig durch Störungen in einer Beziehung hervorgerufen. Irgendetwas unterbricht den normalen Handlungsablauf oder den Beziehungsalltag und zwingt die beiden Partner, sich neu zu orientieren. Die Beziehung muss in einem Konflikt neu ausgerichtet werden. Wie eine Karte immer nach Norden ausgerichtet werden muss, müssen in einem Konflikt die Richtung der Beziehung oder die Ausrichtung auf das gemeinsame Ziel neu definiert werden.

Es gibt kaum etwas Schädlicheres für eine Beziehung, als Konflikte einfach nur auszusitzen. Auch diese Konflikte kosten Kraft. Kalte, nicht offen ausgetragene Konflikte haben das Potenzial, krank zu machen. Sie belasten die

Beziehung und den Einzelnen. Konflikte müssen bewältigt werden. Sie können auch nicht auf irgendwann vertagt oder unter den Teppich gekehrt werden. Häufig weichen wir Konflikten aus, weil wir Angst vor Verletzungen haben. Dabei verletzen wir mit einem unterdrückten oder verdrängten Konflikt den anderen genauso. Erst wenn wir den Konflikt offen ansprechen, geben wir dem anderen die Möglichkeit zu handeln. Wir geben uns in einem Konflikt gegenseitig die Chance zu wachsen und zu reifen. Auch beim Prozess des Zurechtschleifens oder Abschlagen des Gerölls kommen wir nicht ohne Konflikte aus.

Konflikte können aber auch eine Eigendynamik entwickeln. Sie können eskalieren und immer größer werden. Sie können sich ausweiten und immer mehr Menschen in Mitleidenschaft ziehen. Da wird dann aus der berühmten Mücke ein Elefant.

Wie verspeist man einen Elefanten?
In kleinen Häppchen.

So kann ein Elternkonflikt sich immer mehr ausweiten und plötzlich auch die Kinder mit einbeziehen, die dann zu einem Spielball werden, obwohl sie mit dem eigentlichen Konflikt nichts zu tun haben.

Konflikte sind also für die Partnerschaft eine Chance zu reifen und zu wachsen. Und nur eine Partnerschaft, die stetig wächst und reift, trägt uns auch in schwierigen und schweren Zeiten und bringt gute Früchte hervor, von denen auch andere profitieren können.

Die Art und Weise, wie wir mit Konflikten umgehen, kann ein Vorbild für unsere Umwelt und letztendlich für die Gesellschaft sein.

WOHER KOMMT UNSER KONFLIKT?

Konflikten gehen in der Regel Störungen voraus. Störungen können auf drei Ebenen vorkommen:

1. Auf der sachlichen Ebene:
Hier geht es um klare Fakten. Beispiele auf der sachlichen Ebene sind technische Probleme, Strukturprobleme, unterschiedliche Arbeitsauffassungen, die Art, den Alltag zu organisieren, usw.

2. Auf der persönlichen Ebene:
Hier liegt die Ursache der Störung beim Einzelnen. Man macht sich Sorgen über bestimmte Dinge innerhalb der Familie. Oder man bringt die Probleme und Sorgen der Arbeitsstelle mit in die Beziehung ein. Aber auch bestimmte Charaktereigenschaften des Einzelnen können zu einer Störung in der Beziehung führen. Charaktereigenschaften können manchmal Handlungen nach sich ziehen, die für den anderen schwierig nachvollziehbar sind. Auch Über-

lastung durch zu viel oder Unterforderung durch zu wenig Arbeit können ebenfalls Störungen im Zusammenleben erzeugen.

3. Auf der Beziehungsebene

Die Ursache des Konflikts kann aber auch in der Beziehung selbst verortet sein. Kränkungen, Abneigung, Verletzungen, gestörte oder fehlende Kommunikation sind Störungen, die immer wieder zum Konflikt führen können.

Um eine Störung beseitigen zu können, muss sie auf der richtigen Ebene angepackt werden. Wenn es in Ihrem Leben einen Konflikt gibt, sollten Sie sich immer fragen, was die Ursache für die Störung und somit für den Konflikt ist. Hier kann man sich auf sein Gefühl und seine Wahrnehmung verlassen. Kommt man dem Grund für einen Konflikt nicht auf die Spur, empfiehlt es sich, Hilfe von außen anzunehmen, zum Beispiel durch einen neutralen Mentor. Das kann ein Therapeut oder Seelsorger sein, mit dem man gemeinsam über den Konflikt spricht, oder auch ein erfahrenes Ehepaar. Dabei kommen beide Seiten zu Wort und oft ergibt sich durch die Anwesenheit eines Dritten schon eine ganz andere Atmosphäre.

Welche Lösung wählen Sie im Konflikt? Angriff oder Rückzug? Warum? Mit welchem Ergebnis? Welche Dauerkonflikte haben Sie in Ihrer Ehe?

**Auf welcher Ebene befinden sich diese (sach-
liche, persönliche oder Beziehungsebene)?**

_____

_____

_____

_____

_____

WAS TUN BEI EINEM KONFLIKT?

Tief in unserem Bauch haben wir aber das Vorurteil, dass
Streit immer entzweit, und oft erleben wir das auch so.
Besonders dann, wenn wir die Auseinandersetzung als Ra-
cheakt benutzen und nicht als etwas, das uns dazu dienen
soll, uns wieder zusammenzubringen.

In jeder Phase der Ehe erleben wir unsere Verschiedenartigkeit, unsere Unterschiedlichkeit, die uns auf den
ersten Blick trennt. Endlose Streitgespräche, fruchtlose
Diskussionen, heiße Wortgefechte bis hin zum verbisse-
nen Schweigen machen das, was uns trennt, nach außen
sichtbar.

In jeder dritten Ehe führt das, was trennt, dann auch
letztendlich zur Trennung. Vielleicht bringt uns die Angst
vor der endgültigen Trennung zum Schweigen. Typisch

Mann: Um des lieben Friedens willen schweigt er lieber. Typisch Frau: Ich weiche dem Konflikt aus und verlasse das Streitfeld hoch erhobenen Hauptes, dabei lasse ich den anderen meine Verachtung spüren. Doch die Beziehung kühlt merklich ab und wird durch einen solchen Umgang mit Konflikten immer oberflächlicher.

Die Beziehung plätschert vor sich hin und alles ist Friede, Freude, Eierkuchen. Aber die Lebendigkeit der Ehe bleibt auf der Strecke. Wie Dienst nach Vorschrift läuft der Alltag ab. Wer Streit vermeidet, vermeidet auch Nähe und echte Beziehung. In vielen Ehen, in denen Konflikte vermieden werden, tauschen die Paare falsche Sicherheit gegen eine lebendige, dynamische Beziehung und echte Gemeinschaft.

Das Problem ist also oft gar nicht der Konflikt selbst, sondern der Umgang mit dem Konflikt.

Aus welchem Grund vermeiden Sie es, einen Konflikt anzugehen? ??

_____

_____

_____

_____

_____

Wahrheit macht frei. Das habe ich von Arno gelernt. Ersticke die Wahrheit nicht in Harmonie. Es kann sein, dass die Wahrheit wehtut, aber erschlagen sollte sie keinen.

HANNA BACKHAUS

Die Wahrheit in Liebe gesagt, mit dem Ziel, den anderen und die Beziehung aufzubauen, nicht zu zerstören, ist eine dynamische, auf Reifung angelegte Art, miteinander umzugehen.

Den anderen nicht fallen zu lassen im Konflikt, das ist Liebe. Gleichzeitig ist es eine starke, aber gesunde Herausforderung an eine Beziehung, sich im Konflikt gegenseitig die Wahrheit zu sagen – auch wenn sie nicht immer absolut ist, da sie auch die eigene Wahrnehmung widerspiegelt.

Es gibt kaum etwas, das gefährlicher für eine Beziehung ist, als ein zu starkes Harmoniestreben, das Glattbügeln aller aufkeimenden Konflikte. Damit wird die eigene Wahrnehmung ignoriert, die ja weiß, dass etwas nicht stimmt. Der Konflikt wird auf diese Weise nicht verhindert, sondern nur vor sich hergeschoben.

Dieses Verhalten kann zu psychosomatischen Störungen führen, weil es sich unser Unterbewusstsein nicht gefallen lässt, Probleme zu ignorieren. Sie tauchen aus dem

Unbewussten wieder auf und dann ganz unvermittelt an einer Stelle, wo wir sie gar nicht einordnen können.

Klassisch ist zum Beispiel auch das Aufbrechen von Konflikten bei Familienfeiern. Das können die Konflikte eines Ehepaares sein, aber auch verschwiegene Familienkonflikte, in die andere plötzlich mit hineingezogen werden. Da kann eine richtiggehende Eigendynamik entstehen. Darum ist es wichtig, den Konflikt selbst zu kontrollieren. Besser, Sie machen etwas mit dem Konflikt, als dass der Konflikt mit Ihnen macht, was er will. Eine dritte Alternative gibt es leider nicht.

Einen hilfreichen Tipp zum Umgang mit Konflikten finden wir auch in der Bibel: »Wenn ihr also vor dem Altar im Tempel steht, um zu opfern, und es fällt euch mit einem Mal ein, dass jemand etwas gegen euch hat, dann lasst euer Opfer vor dem Altar liegen, geht zu dem Betreffenden und versöhnt euch mit ihm. Erst dann kommt zurück und bringt Gott euer Opfer dar« (Matthäus 5,23f). Es sieht ja fast so aus, als wenn es Gott wichtiger ist, wie unsere Beziehungen aussehen, als dass wir ihm Opfer bringen?

Gott sind unsere zwischenmenschlichen Beziehungen wichtig, ganz besonders unsere Ehe. Er möchte, dass wir sie in Ordnung bringen und halten.

»WIE STREITE ICH DENN?«

Ein Streit erfüllt verschiedene Funktionen in der Beziehung. Er kann ein Mittel sein, Nähe zu vermeiden. Er kann den Partner auf Abstand halten und kann genutzt werden, um den vorhandenen Abstand zu regulieren.

Über verschiedene Persönlichkeitstypen haben wir schon gesprochen. Die verschiedenen Persönlichkeiten streiten auch auf unterschiedliche Art und Weise und gehen mit Konflikten unterschiedlich um. **Sachliche Typen** neigen dazu, Streit dafür zu nutzen, ihre Grenzen aufzuzeigen. Der **warmherzige Typ** sucht den Konflikt, um Kontakt zum anderen aufzunehmen. Häufig sind es Frauen, die sich durch den Streit mehr Nähe erhoffen. Sie möchten den anderen aus der Reserve locken und seine Gefühlsregungen hervorrufen. Der **unkonventionelle Typ** streitet aus Langeweile oder um eigene Spannungen abzubauen. Konflikte haben dann oft eine Blitzableiterfunktion. Es wird gestritten und es ist nicht klar, dass unbewältigte, andere Konflikte der Auslöser für diesen Streit sind. Der **korrekte Typ** will durch den Konflikt wieder Ordnung herstellen, er will Sicherheit gewinnen und den guten Status quo wiederherstellen.

Dazu kommt außerdem, dass wir im Streit auch die Streitkultur unseres Elternhauses mitbringen. Wir projizieren als Mann und Frau oft die Elternfiguren aufeinander. Die Frau trägt ihre unbewältigten Konflikte mit dem Vater mit dem eigenen Ehemann aus, und genauso überträgt der

147

Mann die unbewältigten Konflikte mit der Mutter auf die Frau. Ganz offensichtlich wird dieser Sachverhalt bei dem fast schon klischeehaften Satz im Streit: »Du bist wie meine Mutter!«

Natürlich ist das kein konstruktives Streiten. Wir haben die Streitmuster aus unserer Kindheit unbewusst übernommen und bringen sie mit in unsere Ehe. Das Verhalten, dass in der Kindheit vorherrschend war, übertragen wir dann auf unsere Partnerschaft.

Machen Sie sich die destruktiven Streitmuster Ihrer Eltern bewusst und lassen Sie sie los. Wie wurde in Ihrer Familie gestritten? Wie haben Sie mit Ihren Eltern gestritten und wie Ihre Eltern untereinander? Was haben Sie übernommen und wo erkennen Sie bei sich »familiäre Streitmuster«?

Konflikte und Streit entstehen oft da, wo der andere sicht nicht so verhält, wie ich es mir vorstelle, und nicht auf meine Wünsche eingeht. Darin liegt der Konflikt, aber auch die Chance, mein eigenes Verhalten zu verändern. Arno versuchte in unserer Ehe, sein antrainiertes Schweigen anzuwenden, um seine Ziele zu erreichen. Was er in seiner Kindheit von seiner Mutter gelernt, und was er unbewusst übernommen hatte, ließ ihn in unserer Beziehung plötzlich auf Granit beißen. Ich ließ keinen Psychoterror in unserer Ehe zu. Ich bin geschädigt vom Schweigen und habe deshalb anders reagiert und ihm sein Schweigen nicht durchgehen lassen.

HANNA BACKHAUS

Oft kommen wir nur durch Konflikte auf die Idee, uns zu ändern, oder es wird uns erst durch einen Streit klar, dass wir etwas an unserem Verhalten ändern sollten. Hier zeigt sich, dass Konflikte nicht nur negativ sind. Natürlich ist im Konfliktfall die erste Reaktion: »Wir passen eigentlich gar nicht zusammen, weil wir so verschieden sind.« Diese Feststellung kann uns jedoch dazu veranlassen, uns mit uns selbst auseinanderzusetzen. Jeder reflektiert über seine eigene Person und hat die Chance, an sich selbst zu arbeiten und die Puzzleteile passend zu machen.

Wenn die einzelnen Puzzleteile zu einem Bild werden, das anschließend dem Betrachter gefällt, haben wir viel erreicht. Es ist unsere Arbeit, uns gegenseitig zu schleifen, damit unsere Ehe zu dem wird, was Gott in sie hineingelegt hat. Dabei wird Gott nicht erwarten, dass wir uns selbst verleugnen, sondern dass wir negativen Verhaltensmustern auf die Schliche kommen, sie entlarven und ändern.

FAIRES STREITEN

Es ist sinnvoll, sich als Ehepaar auf ein paar Streitregeln zu einigen und diese dann auch zu beachten. Ein Konflikt ist wie Wasser: Er sucht sich seinen Weg, er verschwindet nicht. Entweder gibt es Magengeschwüre, Kopfschmerzen, plötzlich auftretende Wutausbrüche und Schlimmeres, manchmal aus »heiterem Himmel«. Oder der Konflikt wird wahrgenommen, angenommen und ausgefochten – immer öfter mit positivem Ausgang.

Nehmen Sie Konflikte wahr. Darin steckt das Wort Wahrheit. Der Heilige Geist will uns in alle Wahrheit leiten. Es ist ein guter Prozess, der Wahrheit ins Auge zu sehen und sich und andere nicht zu belügen: »Ja, wir haben Probleme.«

Sich outen, sich verraten ist ein erster wichtiger Schritt zur Problemlösung. Nach außen hin muss nicht immer alles in Ordnung scheinen. Jeder Alkoholiker lernt in der Therapie, sich zu outen, sich zu verraten.

Männer stehen leicht in der Gefahr, Störungen kleinzureden, Probleme als Kleinigkeiten abzutun. Männer können ja auch nach einem ernsthaften Konflikt tief und ruhig schlafen. Probleme auszublenden ist aber nicht hilfreich, weil dann irgendwann ein riesiger Berg an ungelösten Konflikten aufgehäuft ist, der wesentlich mühsamer abzutragen ist als der erste Hügel.

Die nachfolgenden Streitregeln sind hilfreich, um Wachstum in der Beziehung auch durch Streit zu fördern. (Diese Regeln sollten nicht nur im Streit mit dem Ehepartner gelten, sondern auch bei Auseinandersetzungen mit Nachbarn, Arbeitskollegen und mit den Kindern – sprich in allen Lebensbezügen.)

1. Das Umfeld, der Ort und der Zeitpunkt zum Streitgespräch sollten stimmen
Planen Sie genügend Zeit ein (nach hinten offen und nicht während der Sportschau oder den Nachrichten). Störfaktoren von vornherein ausschalten bzw. Störmöglichkeiten verringern. Das heißt, den Konflikt ansprechen, wenn auch die Zeit da ist, sich damit zu beschäftigen. Sonst endet das Ganze unbefriedigend für beide Seiten.

2. Es ist hilfreich, sich in die Augen sehen zu können,
um auch die nonverbale Kommunikation wahrzunehmen. Dabei wird schon klar, dass es einem konstruktiven Streit nicht dienlich ist, wenn die Partner sich um drei Ecken herum anschreien.

Von dem, was wir in einer verbalen Auseinandersetzung »verstehen«, sind nur 7 % das wirklich Gesagte. 30 % und somit weit mehr machen Stimme und Mimik aus und die Körperhaltung sogar 50 %. Jeder Mensch kommuniziert aber anders, und auch hier gibt es große Unterschiede zwischen den Geschlechtern. Machen Sie sich klar: Man kann nicht nicht kommunizieren, auch Schweigen ist vielsagend.

3. Für eine gute und hilfreiche Kommunikation im Konflikt ist es sinnvoll, **Gefühle in Ich-Botschaften zu senden.**
Reden Sie von sich selbst, anstatt »Du-Botschaften« zu senden. Statt: »Das ist wieder typisch für dich, du kommst immer zu spät!« sagen Sie lieber: »Ich möchte gern pünktlich wegfahren.«
Erklären Sie Ihrem Partner lieber, was Sie wütend gemacht hat, warum Sie enttäuscht oder traurig sind, anstatt ihm einfach nur Vorwürfe zu machen: »Ich fühle mich nicht ernst genommen oder verletzt …«
Achten Sie darauf, Ihren Partner nicht bewusst verletzen zu wollen. Bei Vorwürfen im Stil von: »Du bist ein Versager!« schneiden Sie Ihrem Gegenüber den Rückweg ab. Bei solchen Attacken bleibt dem Partner wenig anderes als Rache oder Flucht.
Indem Sie von sich reden, hat der andere die Möglichkeit, selbst Stellung zu beziehen. Er muss sich nicht angegriffen fühlen und keine Verteidigungshaltung einnehmen.

4. Sammeln Sie keine Rabattmarken

Wenn sich ein kleiner Konflikt anbahnt, sollte die Auseinandersetzung damit möglichst schnell gesucht werden. Heruntergeschluckte Probleme rumoren im Inneren. Zwischen den Partnern entsteht eine Kluft, die mit jedem Tag größer wird und immer unüberwindbarer erscheint. Die Verständigung liegt auf Eis.

Schon in der Bibel wird uns ein Rat gegeben, den sich viele Psychologen zu eigen gemacht haben: »Sündigt nicht, wenn ihr zornig seid, und lasst die Sonne nicht über eurem Zorn untergehen« (Epheser 4,26). Sie sollen sich also noch im Dunkeln vergeben!

5. Lassen Sie Ihren Partner zu Wort kommen

Wichtig zur Entwicklung des Streites ist, dass jeder die Chance hat, seinen Standpunkt zu verdeutlichen, auch die Stilleren. Dieser Prozess kann durchaus längere Zeit in Anspruch nehmen. Das »Entwirren« eines Wollknäuels braucht einen klaren Kopf. Wie beim Puzzeln kann es hilfreich sein, ein Thema »zur Seite zu legen« und später weiterzumachen. Es geht darum, sich in den anderen hineinzuversetzen, seine Gefühle und Meinung zu erfahren. Ein kleines Stück des Weges in seinen Schuhen zu laufen.

Hier kann es helfen, Fragen zu stellen, wie zum Beispiel: »Was war deine Motivation ...«, »Warum hast du das gerade so gemacht?«, »Habe ich dich richtig verstanden ...?«

Die Partner überprüfen das, was sie vom anderen verstanden zu haben glauben, durch Rückfragen. Oft werden

Dinge unterstellt, doch keiner kann die Gedanken des anderen lesen. Deshalb helfen Rückfragen dabei, reelle Informationen einzuholen.

Erklären Sie Ihrem Partner Ihre Ziele, Wünsche, Absichten, warum Sie so oder so gehandelt haben. Auch Ihr Schmerz, Ihre Verletzungen, Ihre wunden Punkte haben hier ihren Platz. Wer sich erklärt, wird greifbarer, kalkulierbarer.

6. Hinterfragen Sie sich selbst und gehen Sie Ihren Gefühlen auf den Grund

Das Verstehen der Ursache des Streites erleichtert die Lösung. Wenn die erste Wut verraucht ist, sollte man sich immer hinterfragen: Was war der aktuelle Anlass für den Streit? Was hat mich oder uns so wütend gemacht?

Dabei sollten wir unseren Standpunkt relativieren. Der Anlass liegt oft in mir selbst verborgen: Bin ich ausgerastet, weil der andere zum 80. Mal nicht zur angegeben Zeit fertig war? Rege ich mich auf, weil der Partner etwas Falsches gemacht hat – oder hat er nur etwas anders gemacht, als ich es selbst tun würde? Wo hat er mich verletzt? Wo kann ich ihm vergeben, wo muss ich um Vergebung bitten?

Liebe ist die gemeinsame Freude an der gegenseitigen Unvollkommenheit. Wir müssen lernen, die Verschiedenartigkeit auszuhalten. Das hilft auch dabei, die Spannungen auszuhalten, ohne zu flüchten. Der Fluchtreflex bei Spannungen ist der Grund für viele Scheidungen.

Hanna und ich haben sicher genauso viel Streit gehabt wie Paare, die sich haben scheiden lassen. Aber unsere Bereitschaft, Spannungen auszuhalten und Konflikte anzugehen, war einfach größer.

ARNO BACKHAUS

Lassen Sie Ihre gegensätzlichen Standpunkte stehen. Dies ist sicherlich das Ergebnis eines Reifungsprozesses und braucht Zeit. Manchmal haben beide mit ihren unterschiedlichen Meinungen recht oder beide unrecht. Auf manche Fragen gibt es keine einfachen Antworten oder schnelle Lösungen. Konflikte können wehtun, besonders dann, wenn sie nicht mit einem Kompromiss geklärt werden können. Aber das Erleben, dass auch solche harten Auseinandersetzungen nicht das Ende bedeuten, sondern ein Schritt auf dem Weg zur gemeinsamen Reife sind, macht stark.

7. Treffen Sie klare Abmachungen

Auch wenn es noch so schön wäre, der Vorsatz: »Wir wollen nie mehr oder wenigstens nicht mehr so oft streiten!« geht sicher in die Hose. Hilfreich dagegen sind kleine Zielvorgaben, Absprachen, wie man in Zukunft mit bestimmten Dingen umgehen will oder wie man konfliktträchtige Situationen vermeidet.

Wenn es beim gemeinsamen Kochen zum Beispiel immer wieder zu Konflikten kommt oder das Beaufsichtigen der Kinder dem einem immer zu viel wird, sollte man Aufgaben verteilen und sich im Vorfeld absprechen. Und dabei nach einer Lösung suchen, die beide Parteien befriedigt. Lösungen, die erpresst, erzwungen oder diktiert werden, rufen neue Konflikte hervor. Lösungsversuche sind manchmal wie Experimente, sie brauchen immer Zeit und müssen manchmal revidiert werden.

8. Ziehen Sie die Notbremse
Was hindert uns, im heißesten Streit zu sagen: »Stopp, jetzt habe ich schon wieder mein altes Verhaltensmuster an den Tag gelegt, das wollte ich doch ändern!«? Was uns hindert, ist meistens unser Stolz. Hilfreich ist es, kurz über die alten Verhaltensmuster zu reden und dabei zu überlegen, wie man den Konflikt noch einmal neu angehen kann.

Zu diesen Streitregeln kann man vielleicht noch einige ganz private hinzufügen: Handhalten beim Reden, eine Rose in die Mitte stellen. Ich denke, dass wir uns immer wieder unsere Streitregeln anschauen sollten, weil wir doch vergesslich sind. Qualitätsprüfung nennt man das in der Industrie.

ARNO BACKHAUS

Welches sind bei Ihnen die häufigsten
Gründe für einen Streit?
Warum streiten Sie überhaupt nicht?
Gibt es Machtkämpfe bei Ihnen?
Wer hat das Sagen?
Welche Abmachungen wollen Sie für den
Streitfall treffen?

?
?
?
?

_____

_____

_____

_____

_____

_____

_____

_____

_____

_____

_____

_____

- **Gibt es bei Ihnen bestimmte Themen, bei denen immer wieder Konflikte aufkommen?**
- **Wie gehen Sie bis jetzt mit Konflikten um? Was nehmen Sie sich vor zu verbessern?**

»WIR SIND JETZT ELTERN –
JETZT MÜSSEN WIR UNS EINIG SEIN ...«

Ich habe an anderer Stelle gesagt, dass die Arbeit unseren Lebensrhythmus bestimmt. Bei Kindern müssen wir davon ausgehen, dass sie unseren Lebensrhythmus nicht nur bestimmen, sondern ihn auch gründlich durcheinanderbringen.

Manche Männer haben gar keinen Nerv, keine Zeit für ihre Kinder. Als Ehepaar zurechtzukommen ist schon eine echte Herausforderung. Aber wenn aus der Partnerschaft eine Familie wird, dann wird es richtig spannend. Man freut sich darauf, aber sobald das erste Kind das Licht der Welt erblickt, wird deutlich, dass sich durch das Kind ganz neue Konflikte auftun. Man entdeckt zum Beispiel, dass die Vorstellungen von Erziehung völlig unterschiedlich sind. Häufig merkt man erst nach vielen Jahren im Rückblick, dass der unterschiedliche Erziehungsstil sich ergänzen kann, und dass das ein echter Segen war.

Meistens ist es so, dass einer die Rolle des behütenden, wenig fordernden Elternteils übernimmt, während der andere das Einhalten von Regeln und Maßstäben konsequent verfolgt. Die frischgebackenen Eltern stehen vor der Aufgabe, ihren Erziehungsstil aufeinander abzustimmen. Dieses Aufeinanderabstimmen beginnt oft mit dem Vorwurf: »So kannst du doch kein Kind erziehen!«

Beide wollen natürlich nur das Beste für ihr Kind. Man verhandelt, wer der bessere Erzieher ist, ohne sich bewusst zu machen, dass ein Kind beide Stile braucht.

Die Frage, die uns aber in diesem Buch vor allem beschäftigt, ist: Wie können wir Eltern sein und trotzdem

Paar bleiben? Viele Paare verlieren sich in ihren Kindern, ohne sich dessen bewusst zu sein, dass sie später (wenn alles gut läuft) als Paar übrig bleiben.

Ein paar praktische Tipps aus unserer Sicht und Erfahrung, wie Sie als Ehepaar mit Kindern Ihre Partnerschaft nicht aus dem Blick verlieren:

- Grenzen Sie sich immer wieder ab, auch gegen Ihre Kinder, und lassen Sie dem Partner immer wieder den Vortritt.
- Planen Sie gemeinsame Zeiten ohne Ihre Kinder.
- Zeigen Sie vor den Kindern Ihre gegenseitige Wertschätzung.
- Loben Sie Ihren Partner, tauschen Sie Zärtlichkeiten aus.
- Prägen Sie das Ehebild ihrer Kinder. Wenn Sie ein gutes Vorbild geben, werden Ihre Kinder fähig zu lieben.
- Sagen Sie Ja zu Ihren Kindern, mit allem, was sie mitbringen.

Wir haben bereits über Romantik und Kommunikation gesprochen. Beide Bereiche dürfen Sie gerade auch als Eltern nicht aus dem Blick verlieren.

Der Herausgeber einer Londoner Zeitung startete einmal eine Rundfrage zum Thema »Bücher, die mir geholfen haben«. Eine Antwort lautete: »Das Kochbuch meiner Mutter und das Scheckbuch meines Vaters.«

»WIE GESTALTEN WIR

UNSER

WIR?«

Was mögen Sie am anderen? (3 Punkte)

_____

_____

_____

Wo empfinden Sie Begrenzungen? (2 Punkte)

_____

_____

Wer glaubt, seinen Partner in- und auswendig zu kennen, und dieses Bild festschreibt, tut seinem Gegenüber unrecht. Oft tragen wir ein total veraltetes Foto des anderen in der Tasche. Wir sperren ihn oder sie in eine Schublade.

Bleiben Sie auf dem Laufenden, wenn es um Ihr Liebstes in dieser Welt geht. Oder wollen Sie den Rest Ihres Lebens in der Schublade Ihres Gegenübers verbringen? Meinen Mann, meine Frau wirklich zu entdecken, das dauert. Das dauert mindestens bis zur Silbernen Hochzeit. Und auch danach gibt es noch Neuigkeiten. Also bleiben Sie dran. Geben Sie nicht auf, auch nicht, wenn es mal kräftig gekracht hat und Sie sich nicht sicher sind, ob der andere wirklich der Mensch ist, der Sie dachten. Bleiben Sie neugierig auf Ihren Partner.

Forschen Sie:
- Wer bist du wirklich?
- Was bewegt dich?
- Wo liegen deine Bedürfnisse?
- Was brauchst du von mir?
- Wo kommst du zu kurz?
- Was kannst du im Moment nicht geben, weil du es selbst nicht hast?
- Welche Illusionen hast du, welche unterernährten Bereiche?
- Was mag ich besonders an dir, was kann ich nicht ab?
- Was ist als Nächstes dran in unserer Beziehung, was nicht?
- Wo trete ich dir zu nahe, wo leidest du unter meiner Ferne?

Wenn Sie sich diese Dinge gegenseitig fragen und darüber austauschen, werden Sie immer wieder Neues entdecken.

Bei allem Miteinander gilt: Die wichtigsten Punkte in einer Beziehung und das, was wir immer im Blick halten sollten, sind Wertschätzung und Selbstwert: »Liebe deinen Nächsten wie dich selbst!« (Lukas 10,27).

Wie hoch ich den Wert des Partners schätze, hat viel damit zu tun, wie hoch ich meinen eigenen Wert einschätze.

Stufe ich mich eher gering ein? Bin ich es mir überhaupt wert, eine gute Ehe zu führen? Oder leide ich unter einem geringen Selbstwertempfinden und degradiere den anderen, um nicht allein im Staub zu liegen? Diese Fragen sollten Sie zuerst in aller Ehrlichkeit vor sich und vor Gott klären. Sie dürfen wissen, dass Sie in den Augen Ihres Schöpfers wertgeschätzt sind, unabhängig von dem, was Sie tun und wie Sie sich fühlen. Diese Wertschätzung steht sowohl Ihnen als auch Ihrem Partner zu.

Einen wertvollen Schatz hegt und pflegt man, bis er glänzt und strahlt. Wertschätzung ist Balsam für Männer und für Frauen. Wer soll Ihrem Partner die Bestätigung geben, wenn nicht Sie? Wer sie ihm oder ihr gibt, hat Zugang zu seinem bzw. ihrem Herzen. Schützen Sie sich und Ihren Partner vor Untreue, die oft nur ein Ausdruck mangelnder Wertschätzung ist – in unterschiedlichen Bereichen.

Demontieren Sie Ihren Partner nicht, sondern im Gegenteil, bauen Sie ihn auf. Das Leben außerhalb der Ehe ist hart genug, da sollte die Ehe der Ort sein, an dem Sie sich sicher und geborgen fühlen können – alle beide.

Gute Möglichkeiten sind:

Liebesbriefchen unters Kopfkissen, in die Brotbüchse, in die Zeitung oder in die Mailbox.

Lob und Anerkennung auch vor anderen.

»Ich liebe dich!« – »Du bist mir wichtig, weil ...« Diese Worte sollten uns nie zu viel werden.

Für den anderen einspringen, wenn er erschöpft ist, ihn tragen und ertragen, wenn er schlecht drauf ist.

**Wo und wie erfahren Sie von Ihrem Partner
Wertschätzung?
Wo und wie geben Sie Ihrem Partner Wert-
schätzung?**

Wir haben viel über Nähe in der Ehe gesprochen. Natür-
licherweise gehört zur Nähe auch die Distanz. Denn niemals geht der andere in meinen persönlichen Besitz über.
Er hat das Recht, sich auch zu distanzieren. Erst durch Zeiten gesunder Distanz wird der Blick auf den anderen ein
realistischer sein.

Das Miteinander in der Ehe kann nur ein gegen-
seitiges, freiwilliges Geben und Nehmen sein und
kein Bevormunden, Gängeln oder Grenzen einreißen.
Das alles zu lernen ist ein lebenslanger Prozess.
Wir wünschen Ihnen viele gute Entdeckungen und
vergessen Sie nicht:

Humor ist der Knopf der verhindert, dass der Kragen
platzt!

HANNA & ARNO BACKHAUS

- **Welche neuen Gedanken habe ich über mich, meine Partnerschaft, unser Familienleben?**
- **Wo möchte ich an mir selbst arbeiten?**
- **Wo wünsche ich mir, dass mein Partner auf mich Rücksicht nimmt?**
- **Was nehmen wir uns konkret als Paar vor? Wann fangen wir damit an?**

_____

_____

_____

_____

_____

_____

_____

_____

_____

_____

_____

_____

ANMERKUNGEN

1 Riemann, Fritz. Grundformen der Angst. München: Ernst Reinhardt Verlag, 2006.

2 Ruthe, Reinhold. Typen und Temperamente. Moers: Brendow, 2011.

3 Lehnert, Volker und Felicitas. Ehe wir's verlernen. Neukirchen: Aussaat, 2004.

4 DUDEN, Das große Wörterbuch der deutschen Sprache in 10 Bänden, Band 5 Impu-Leim. Mannheim: Dudenverlag, 1999.

ANBIETER VON EHESEMINAREN

TEAM.F – Neues Leben für Familien e. V., Honseler Bruch 30,
58511 Lüdenscheid, Telefon: 0 23 51 - 8 16 86,
info@team-f.de, www.team-f.de

standUp e.V., Gesundheitsstr. 38, 42699 Solingen, Telefon:
0212-6 67 46, leitung@standUpev.de, www.standupev.org

Schloß Craheim – Begegnungsstätte, 97488 Wetzhausen/
Stadtlauringen, Telefon: 097424-9100-0,
info@craheim.de, www.craheim.de

Prepare/Enrich, Carol Ann Bochmann, Jahnstr. 11,
15366 Neuenhagen, Tel. 03345-247676,
www.prepare-enrich.de

Weißes Kreuz, Weißes-Kreuz-Str. 1-4, 34292 Ahnatal,
Telefon: 0 56 09-83 99-0, info@weisses-kreuz.de,
www.weisses-kreuz.de

Family Life Mission, Postfach 1965, 77694 Kehl,
Telefon: 07851-483045, info@flm-int.de, www.flm-int.de

Familien mit Christus, Geistliches Familienzentrum (kath.),
Heiligenbrunn, 84098 Hohenthann, Tel. 08784-278,
info@familienmitchristus.de, www.familienmitchristus.de

Bill Farrel, Pam Farrel
**Männer sind wie Waffeln –
Frauen sind wie Spaghetti**

Taschenbuch, 12 x 19 cm, 240 S.
Nr. 395.176, ISBN 978-3-7751-5176-4

Hier kommt endlich die Erklärung, warum Männer
die Welt in Kästchen einteilen, weshalb Frauen
mehrere Dinge gleichzeitig tun können und was
Gott sich dabei gedacht hat. Ein Buch für Paare –
mit Schmunzel-Garantie.

Kevin Leman
**Spitzennächte
Das Geheimnis von erfülltem Sex**

Gebunden, 13,5 x 20,5 cm, 304 S.
Nr. 395.357, ISBN 978-3-7751-5357-7

Sex: Die Erwartungen sind groß, doch die Realität
ist bei vielen eher klein, grau, ernüchternd. Darüber spricht natürlich keiner – außer Leman. Er
kennt die typischen Fragen und hält untypische
Antworten bereit. Offen, ehrlich und mit viel Humor!

*Bitte fragen Sie in Ihrer Buchhandlung nach diesen Büchern!
Oder schreiben Sie an: SCM Hänssler, D-71087 Holzgerlingen;
E-Mail: info@scm-haenssler.de; Internet: www.scm-haenssler.de*